# Kochen & Backen für Diabetiker

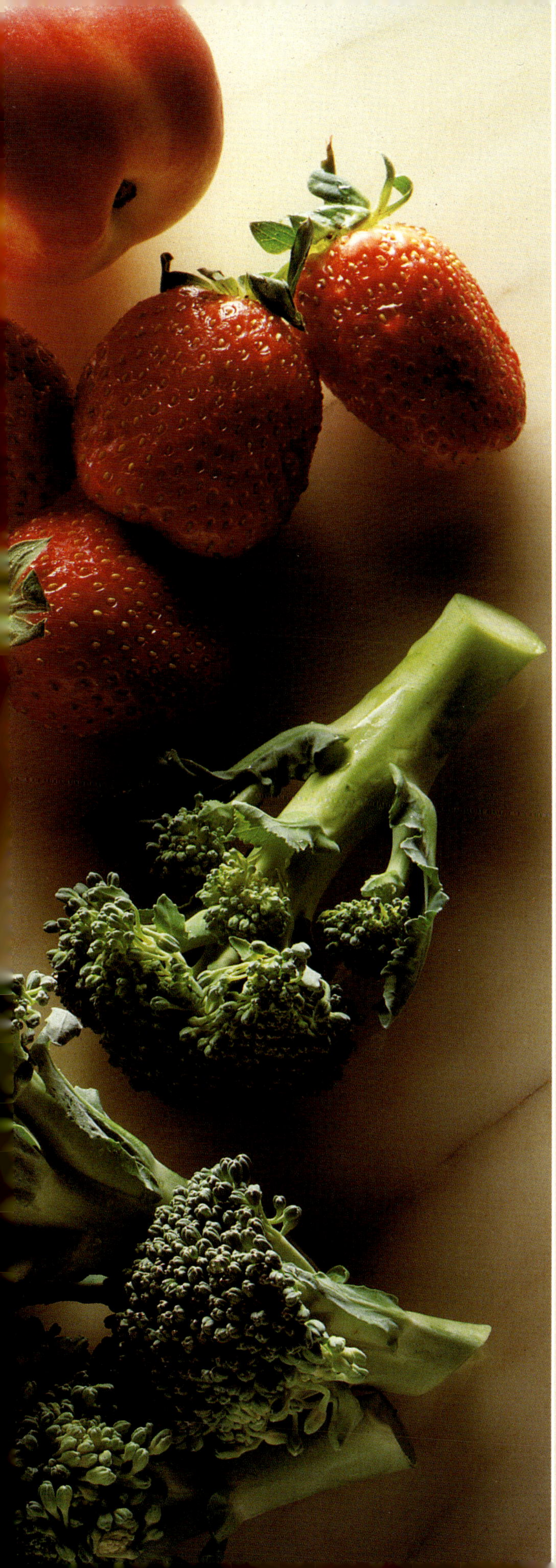

Dr. med. Monika Toeller · Waltraud Schumacher · Anne Groote
Dr. troph. Antonie Klischan

# Kochen & Backen für Diabetiker

**Gesund und schmackhaft für die ganze Familie**

Mit einem Geleitwort von
Prof. Dr. med. F. Arnold Gries

FALKEN

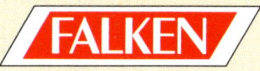

# INHALT

Geleitwort ........................................... 5

Die Ernährung bei Diabetes ........... 6

   Falsche Ernährung als
   Krankheitsursache ...................... 6

   Gesundes Essen ist schmackhaft .. 6

   Die Energiezufuhr ........................ 6

   Die Auswahl der richtigen
   Fette ............................................ 6

      Anregungen für fettarmen
      Brotbelag ................................ 7

   Zusammensetzung
   verschiedener Fette ..................... 7

   Die richtige Eiweißmenge ............ 8

      Der Eiweißgehalt
      verschiedener Lebensmittel ...... 8

   Die Kost sollte reichlich
   Kohlenhydrate enthalten ............. 8

      Kohlenhydrataustausch ............ 9

   Die Verteilung der Mahlzeiten ... 10

   Die Flüssigkeitsaufnahme .......... 10

      Geeignete alkoholfreie
      Getränke ................................ 10

   Was man bei alkoholischen
   Getränken bedenken muß ........ 10

   Mineralstoffe und Vitamine ....... 10

   Lebensmittelgruppen und
   Empfehlungen zur energie-
   armen Ernährung ..................... 11

   Kochsalz sparsam verwenden ... 12

   Selbstkontrolle ist
   unverzichtbar ............................ 12

Tagespläne für
1500 Kilokalorien ......................... 12

   1. Beispiel ................................. 12

   2. Beispiel ................................. 12

Tagespläne für
2000 Kilokalorien ......................... 13

   1. Beispiel ................................. 13

   2. Beispiel ................................. 13

Hinweise zu den
Rezepten ...................................... 14

   Abkürzungsverzeichnis ............. 14

   Küchenmaße .............................. 14

   Hinweise für die
   Zubereitung ............................... 14

Suppen und Eintöpfe ................... 16

Gemüse und Salate ...................... 34

Kartoffeln, Getreide und
Teigwaren ..................................... 54

Fleisch und Fisch .......................... 64

Aufläufe und pikante Gerichte ... 98

Süßspeisen und Konfitüren ....... 122

Kuchen und Gebäck ................... 142

Rezeptverzeichnis ...................... 176

# GELEITWORT

Das vorliegende Koch- und Backbuch wurde für Diabetiker und ihre Familien geschrieben. Angesichts der großen Wandlungen in der Behandlung des Diabetes könnte man fragen, ob ein solches Buch heute noch erforderlich ist und in die Zeit paßt. Meine Antwort ist ein klares Ja, weil es heute vielleicht sogar noch wichtiger ist als früher. Warum? Die Diät, das heißt die diabetesgerechte Ernährung, ist seit eh und je die Grundlage der Behandlung des Diabetes mellitus. Der häufigere Typ-II-Diabetes, den man früher Diabetes des Erwachsenen oder Alterszucker nannte, wird oft erst durch falsche Ernährung ausgelöst. In vielen Fällen ist er allein durch eine gesündere Ernährung ausreichend zu korrigieren. Ohne Diät dagegen gelingt eine Korrektur der Krankheitsanzeichen praktisch nie. So ist Diät unentbehrlich für den Typ-II-Diabetiker. Sie ist aber auch die beste Vorbeugung für gefährdete Familienmitglieder, denn die Anlage zu diesem Diabetestyp wird oft vererbt.

Bei insulinpflichtigem Typ-I-Diabetes und auch in anderen Fällen, in denen mit Insulin behandelt wird, ist eine diabetesgerechte Ernährung ebenso unentbehrlich. Hier ist die Abstimmung zwischen Insulinwirkung, Nahrungseinflüssen und körperlicher Arbeit entscheidend. Bei der Insulinbehandlung hat es während der letzten Jahre große Wandlungen gegeben. Früher, als man nur Verzögerungs- oder Mischinsuline mit festgelegter Dosis spritzte, mußte sich die Nahrungsaufnahme nach der Insulinwirkung richten. Zwar kann man bei dieser Form der Behandlung mit Insulin versuchen, Präparate auszuwählen, die möglichst gut zum gewohnten Tagesablauf passen, Abweichungen vom geregelten Tagesablauf sind aber dabei nicht möglich, ohne daß der Stoffwechsel zu entgleisen droht. Viele Menschen mit gleichbleibendem Tagesablauf ziehen dennoch auch heute eine solche Behandlung anderen Verfahren vor.

In den letzten 10 bis 15 Jahren haben wir vor allem durch die Behandlung mit Insulinpumpen gelernt, das kurz wirksame Normalinsulin so einzusetzen, wie es dem natürlichen (physiologischen) Insulinbedarf entspricht. Dadurch wurde es möglich, die Ernährung flexibler zu gestalten. Die Zeitpunkte, zu denen Mahlzeiten gegessen werden, deren Größe und selbst die Anzahl können mit einer solchen Insulinbehandlung von Tag zu Tag variiert werden. Das bedeutet für manche Diabetiker einen vorher unbekannten Gewinn an Lebensqualität. Eine solche Therapie erfordert allerdings häufige Selbstkontrollen des Blutzuckerspiegels (Blutglukosespiegels) und besonders gute Kenntnisse, die vor allem in Schulungskursen der Diabeteszentren vermittelt werden. Diese anspruchsvolle, moderne Diabetesbehandlung bedeutet aber nicht, daß man unbedacht essen darf. Diabetiker können zwar ihre Mahlzeiten variieren, müssen sie aber planen und wissen, was und wieviel sie essen wollen, weil sie nur dann die richtige Insulindosis wählen können. Nach der Insulingabe muß man sich zuverlässig an die geplante Mahlzeit halten. Auch die flexible Ernährung bei der modernen Insulintherapie ist also eine geplante Ernährung. Gerade hier ist es nützlich, für seine Lieblingsgerichte berechnete Rezepte zur Hand zu haben.

Ein neues Koch- und Backbuch für Diabetiker ist auch deshalb notwendig geworden, weil es wichtige neue Erkenntnisse bezüglich einer diabetesgerechten Ernährung gibt. Die Diät ist einfacher und wirksamer geworden. Dieses Buch enthält nicht nur hervorragende Rezepte für Gerichte aus der Hausmannskost, sondern auch für raffinierte Feinschmeckerspeisen. So wird es zu einem verläßlichen Ratgeber und hilft jedem Diabetiker, die Regeln der persönlichen Diät korrekt, auf einfache Weise und mit Eßvergnügen einzuhalten.

Schließlich brauchen wir ein neues Familienkoch- und -backbuch noch aus einem anderen Grund. Der Begriff der Diabetesdiät hatte lange Zeit den Beiklang von Krankenkost. Wer Diät halten mußte, war nicht gesund. Der Diabetiker wurde sogar in seiner Familie und im Bekanntenkreis oft zum Außenseiter gemacht, der vom gemeinsamen Essen ausgeschlossen war.

Das ist bei der modernen Diabetesdiät nicht mehr so. Sie ist schmackhaft, reizvoll und auch für Nichtdiabetiker sehr geeignet, weil Ernährungsfehler, die das Auftreten eines Diabetes begünstigen, auch Ursache anderer Krankheiten sein können, wie Übergewicht, erhöhte Blutfette, Gicht, erhöhter Blutdruck. Dieses Buch möge vielen Diabetikern und ihren Familien eine Hilfe sein, das Leben mit dem Diabetes positiv zu gestalten.

**Prof. Dr. med.
F. Arnold Gries
Lehrstuhl für
Innere Medizin
(Diabetologie)
und ärztlicher Direktor
der Klinik des
Diabetes-
Forschungsinstituts
an der Heinrich-Heine-
Universität Düsseldorf**

# DIE ERNÄHRUNG BEI DIABETES

**Gesunde Ernährung ist abwechslungsreich**

**Pflanzliche Öle sind reich an ungesättigten Fettsäuren**

## Falsche Ernährung als Krankheitsursache

Fehlernährung ist eine häufige Ursache von Übergewicht, Diabetes, Gicht, Bluthochdruck, Fettstoffwechselstörungen, Gallensteinen, Leberzirrhose, Karies und Verstopfung. Jeder Mensch ist in Gefahr, sich diese Krankheiten zuzuziehen, wenn er Fehler in seiner Ernährung macht. Diese Gesundheitsstörungen können durch die richtige Ernährung verhindert oder zumindest gebessert werden, wenn sie bereits aufgetreten sind.

## Gesundes Essen ist schmackhaft

Häufig trifft man auf die Meinung, daß eine gesunde Ernährung nicht schmackhaft sei und dabei der Genuß des guten Essens verlorengehe. Dieses Buch soll Ihnen zeigen, daß diese Ansicht nicht richtig ist. Gesunde Ernährung kann durchaus wohlschmeckend, abwechslungsreich und genußreich sein.
Die Rezepte in diesem Buch berücksichtigen alles, was für die Ernährung des Diabetikers und für alle, die sich gesund ernähren wollen, wichtig ist. Zugrunde gelegt sind „Neue europäische Empfehlungen für die Ernährung bei Diabetes mellitus" (veröffentlicht in: Ernährungs-Umschau 36 (1989) S. 79–83).

## Die Energiezufuhr

Die Nahrung sollte abwechslungsreich zusammengesetzt sein und die richtige Menge an Eiweiß, Fett, Kohlenhydraten, Ballaststoffen, Vitaminen, Mineralstoffen und Spurenelementen enthalten. Die Nährstoffe Eiweiß, Fett und Kohlenhydrate liefern Energie, die in Kilokalorien (kcal) beziehungsweise in Kilojoule (kJ) angegeben wird. Die Umrechnung von Kalorien und Joule ist leicht: Die Joulemenge ist immer das etwa Vierfache der Kalorienmenge (genau berechnet: Kilokalorien x 4,186 ergibt die Energiemenge in Kilojoule).
Für alle Rezepte in diesem Kochbuch sind der Energiegehalt (in Kilokalorien) sowie der Eiweiß-, Fett- und Kohlenhydratgehalt (in Gramm) berechnet und jeweils angegeben.
Die Empfehlungen lauten generell, daß man täglich, bezogen auf die Gesamtenergiezufuhr, bis 15 Prozent Eiweiß, bis 35 Prozent Fett und mindestens 50 Prozent Kohlenhydrate zu sich nehmen soll.
Leider essen viele Menschen mehr Fett und Eiweiß und weniger Kohlenhydrate, als für eine gesunde Ernährung richtig wäre. Daher ist auch die Energieaufnahme vielfach zu hoch. Übergewicht ist die Folge, denn Fett enthält von allen Nährstoffen, die wir essen, die meisten Kalorien.
Jeder Mensch sollte darauf achten, daß er gerade so viel ißt, daß er das wünschenswerte Gewicht behält oder aber erreicht, wenn er zuviel wiegt. Das Normalgewicht errechnet sich wie folgt: Körpergröße in Zentimetern minus 100 = Normalgewicht in Kilogramm, Frauen müssen 10 Prozent abziehen.

## Die Auswahl der richtigen Fette

Die Nahrung der meisten Menschen enthält zuviel Fett. Fett kommt in pflanzlichen und tierischen Lebensmitteln als sichtbares Fett (Koch- und Streichfett) und als verstecktes Fett (zum Beispiel in Fleisch, Wurst und Käse) vor.

Pflanzliche und tierische Fette liefern zwar die gleiche Menge an Kalorien, unterscheiden sich aber in ihrer Zusammensetzung. Pflanzliches Fett (außer Kokosfett) enthält viele ungesättigte Fettsäuren, tierisches Fett hingegen vorwiegend gesättigte Fettsäuren und außerdem auch Cholesterin (siehe dazu die nebenstehende Abbildung zur Zusammensetzung tierischen und pflanzlichen Fettes).

Da viele Menschen zu große Fleischportionen und zuviel Brotbelag (Wurst und Käse) essen, ist ihre Nahrung nicht nur kalorienreich, sondern auch reich an verstecktem tierischem Fett und damit an gesättigten Fettsäuren und Cholesterin. Dies begünstigt die Entwicklung von Fettstoffwechselstörungen (erhöhte Blutfettwerte) und von Arteriosklerose (Arterienverkalkung). Deshalb sollten pflanzliche Fette bevorzugt werden. Empfehlenswert ist, pflanzliche Öle, Diätmargarine und spezielle Bratenfette (solche, die reich an ungesättigten Fettsäuren sind) als Koch- und Streichfett zu verwenden und die Fleischportionen und den Brotbelag zu verringern. Gelegentlich sollte man ganz darauf verzichten. Im folgenden sind Vorschläge und Anregungen für verschiedene Sorten von Brotbelag zusammengestellt. So spart man Kalorien und vermeidet eine zu hohe Aufnahme der ungünstigen gesättigten Fettsäuren.

## Anregungen für fettarmen Brotbelag

Brotbelag kann abwechslungsreich und gesund sein, wenn man statt Butter, Wurst und Käse Diätmargarine und folgenden Belag wählt:
Avocadoscheiben
(Streichfett kann entfallen)
Bunte Gemüsesülze (Rezept Seite 108)
Paprikastreifen
Scheiben von Salat- oder Gewürzgurken
Tomatenscheiben
Radieschenscheiben
Rettichscheiben
und bestreuen mit:
Kresse
gehackten Kräutern (Basilikum, Petersilie, Dill, Schnittlauch, Estragon)
Pfeffer
Paprikapulver
gehacktem Knoblauch
gehackter Zwiebel
oder bestreichen mit:
Senf oder Tomatenmark

## Zusammensetzung verschiedener Fette

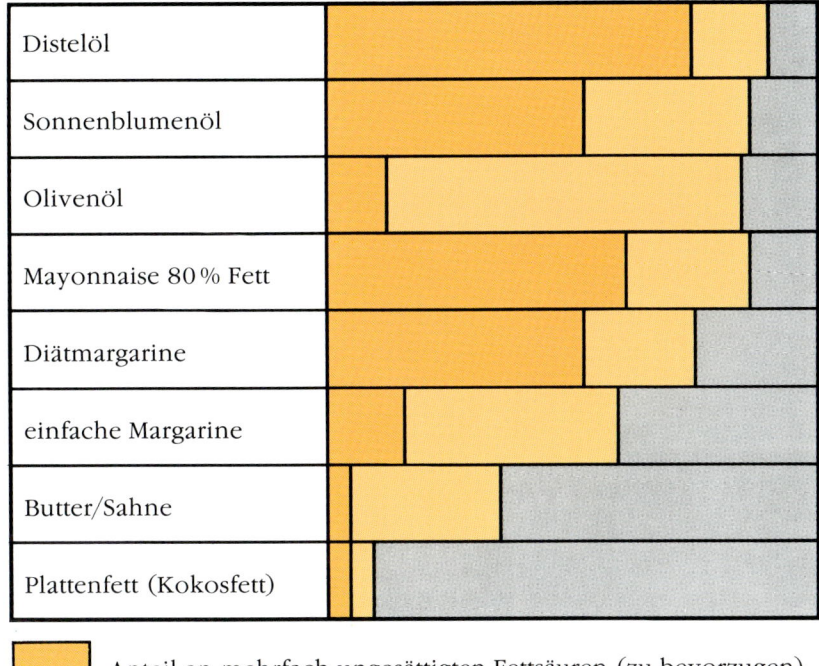

Anteil an mehrfach ungesättigten Fettsäuren (zu bevorzugen)
Anteil an einfach ungesättigten Fettsäuren (zu bevorzugen)
Anteil an gesättigten Fettsäuren (zu meiden)

Apfelspalten
Bananenscheiben
Birnenspalten oder Erdbeeren
(Bei Obst als Belag muß der Kohlenhydratgehalt berechnet werden.)
Auch Quark ist als Brotaufstrich beliebt.
1 Eßlöffel Quark (30 g) reicht für 1 Scheibe Brot (Mischbrot, 60 g entsprechen 2 BE).
Für einen süßen Quarkaufstrich verrühren Sie den Quark mit einigen Tropfen flüssigem Süßstoff und wahlweise mit:
1 Msp. löslichem Kaffeepulver
1 Msp. Kakaopulver
1 Msp. Vanillemark
1 Prise Zimt
1 EL Muttersaft (siehe Seite 15)
einigen Tropfen Rumaroma
1 TL Rhabarberkompott
Für einen pikanten Quarkaufstrich verrühren Sie den Quark eventuell mit 1 Prise Salz und wahlweise mit:
gehackten Kräutern (Dill, Kerbel, Kresse, Petersilie, Schnittlauch)
gehackter Zwiebel
scharfem oder mittelscharfem Senf
Tomatenmark

Currypulver
Kümmel
Paprikapulver und/oder Pfeffer
Radieschen, klein gewürfelt
Tomatenwürfeln
Rettich oder Sellerie, geraspelt
Gurkenwürfeln
geriebenem Meerrettich

Bei Fleischaufschnitt, Wurst oder Käse als Brotbelag sollte man sich an folgenden Mengen orientieren:
für 1 Scheibe Brot (60 g Mischbrot)
1 Msp. Streichfett (5 g)
oder 2 Msp. Halbfettstreichfett (10 g)
und 1 kleine Scheibe mageren Fleischaufschnitt, Wurst oder Käse (20 g), zum Beispiel Schinken ohne Fettrand, kalter Braten, deutsches Corned beef, Käse mit weniger als 45 % Fett i.Tr.

Ein nach diesen Vorschlägen belegtes Brot enthält ca. 200 kcal • 8 g E • 8 g F • 24 g KH • 2 BE

**Brot mit Tomatenscheiben belegt**

**Beispiel für fettarmen Brotbelag**

**Canapés mit Quark und Gemüse**

## Die richtige Eiweißmenge

Eiweiß ist ein lebenswichtiger Bestandteil unserer Ernährung. Es wird für das Wachstum und die Erhaltung aller Körperfunktionen benötigt. Viele Menschen denken, daß sie zuwenig Eiweiß essen, tatsächlich nehmen sie aber genug oder sogar zuviel zu sich. Zuviel Eiweiß ist nicht sinnvoll. Eiweiß ist in tierischen und pflanzlichen Lebensmitteln enthalten (siehe dazu die nachfolgende Tabelle). Viele tierische, eiweißreiche Lebensmittel, wie Fleisch, Wurst und Käse, sind gleichzeitig sehr fettreich und enthalten viele gesättigte Fettsäuren. Besonders bei Übergewicht und Fettstoffwechselstörungen sollte man keine großen Portionen davon essen.

### Der Eiweißgehalt verschiedener Lebensmittel

| Lebensmittel (in Portionen) | Eiweißgehalt (in g) |
|---|---|
| 1 Portion Fleisch (120 g Rohgewicht) | 25 |
| 1 Portion Fisch (150 g Rohgewicht) | 27 |
| 1 Glas Milch (1/4 l) | 8 |
| 1 Ei (Gewichtsklasse 4) | 7 |
| 1 Eßlöffel Quark (30 g) | 4 |
| 1 Scheibe mag. Aufschnitt (20 g) | 4 |
| 1 Scheibe Käse (30 g) | 9 |
| 1 Scheibe Brot (60 g) | 4 |
| 1 Portion Kartoffeln (160 g) | 3 |
| 1 Portion Reis (45 g Rohgewicht) | 3 |
| 1 Portion Teigwaren (60 g Rohgewicht) | 8 |
| 1 Portion Gemüse im Durchschnitt (200 g) | 2 |
| 1 mittelgroßer Apfel (100 g) | 1 |

Bei allen Angaben handelt es sich um Zirkawerte

## Die Kost sollte reichlich Kohlenhydrate enthalten

Der größte Teil der Nahrungsenergie sollte in Form von Kohlenhydraten aufgenommen werden. Empfehlenswert sind die Kohlenhydrate aus Getreideprodukten, Nährmitteln, Obst und Gemüse. Hier kommen Kohlenhydrate in komplexer Form vor. Solche Kohlenhydrate sind oft in Lebensmitteln enthalten, die gleichzeitig ballaststoffreich sind. Ballaststoffe sind unverdauliche Füll- und Quellstoffe, die die Verdauung regulieren, der Verstopfung vorbeugen und das Sättigungsgefühl verstärken. Außerdem können sie nach den Mahlzeiten den Anstieg des Blutzuckers verzögern.

Eine Kost, die reich an komplexen Kohlenhydraten und Ballaststoffen ist, gleichzeitig aber wenig Fett enthält, ist für Diabetiker und alle, die sich gesund ernähren wollen, sehr zu empfehlen. Durch eine solche Ernährung läßt sich bei Diabetes auch die Wirksamkeit des Insulins deutlich verbessern.

Die erlaubte Kohlenhydratmenge einer einzelnen Mahlzeit hängt davon ab, welches Insulin gespritzt wird, wann gespritzt wird, ob blutzuckersenkende Tabletten eingenommen werden und ob körperliche Arbeit verrichtet wird. Die Kohlenhydratmenge kann in BE (Broteinheiten) berechnet werden. 1 BE entspricht 12 Gramm Kohlenhydraten. Welche Lebensmittelmengen jeweils 1 BE entsprechen, zeigt Ihnen die nachfolgende Austauschtabelle. Bei allen Rezepten in diesem Kochbuch ist die Anzahl der BE jeweils für 1 Portion berechnet und angegeben.

Diabetiker sollten ihren Blutzuckerspiegel regelmäßig kontrollieren. Das Ziel ist, mit richtiger Ernährung und eventuell zusätzlichen Medikamenten (Insulin, blutzuckersenkende Tabletten) normale Blutzuckerwerte zu erreichen. Zucker, dazu gehört auch Honig, sollte vermieden werden. Als Süßungsmittel eignen sich Süßstoff oder Zuckeraustauschstoffe (Fruktose oder eventuell auch Sorbit). Süßstoff liefert keine Kalorien und ist besonders bei Übergewicht und Fettstoffwechselstörungen zu empfehlen. Diabetikerzucker enthält die gleiche Menge an Kalorien wie Haushaltszucker.

## Kohlenhydrataustausch

Die Mengen entsprechen jeweils 12 g KH (1 BE)

### Getreide, Getreideerzeugnisse und Nährmittel
20 g Grünkern (Rohgewicht)
20 g Haferflocken
20 g Hirse (Rohgewicht)
15 g Maisstärke
20 g Nudeln (Rohgewicht)
15 g Reis (Rohgewicht)
15 g Sago/Tapioka
20 g Weizengrieß
20 g Weizenkörner
15 g Weizenmehl Type 405
20 g Weizenvollkornmehl Type 1050
20 g Knäckebrot
30 g Roggenbrot
35 g Roggenvollkornbrot
25 g Weißbrot/-brötchen
25 g Weizentoastbrot
15 g Zwieback
15 g Schokoladenpuddingpulver
15 g Semmelmehl/Paniermehl
15 g Vanillepuddingpulver

### Kartoffeln und Gemüse
80 g Kartoffeln
40 g Pommes frites
25 g Bohnen (getrocknet)
25 g Linsen (getrocknet)
110 g Erbsen
70 g Maiskörner
140 g rote Bete

Portionen der folgenden Gemüsesorten bis etwa 200 g sind – auch mehrmals am Tag – ohne BE-Anrechnung erlaubt:
Artischocke, Aubergine, Bleichsellerie, Blumenkohl, grüne Bohnen, Bohnenkeimlinge, Brokkoli, Champignons, Chicorée, Eisbergsalat, Endivie, Feldsalat, Fenchel, Gewürzgurken, Grünkohl, Gurke, Karotte/Möhre, Knollensellerie, Lauch/Porree, Paprikaschote, Pfifferlinge, Radieschen, Rettich, Rhabarber, Rosenkohl, Rotkohl, Sauerkraut, Spargel, Spinat, Tomaten, Weißkohl, Wirsing, Zucchini, Zwiebel

### Milch und Milchprodukte
250 ml Milch, Buttermilch
250 g Dickmilch, Joghurt, Kefir

### Obst (Fruchtfleisch) und Obstsäfte
100 g Apfel
120 g Aprikosen
60 g Banane
120 g Birne
60 g Blaubeeren/Heidelbeeren
190 g Erdbeeren
210 g Himbeeren
160 g Holunderbeeren
100 g Honigmelone
140 g Johannisbeeren, rot
110 g Kirschen, sauer
120 g Kiwi oder Mandarinen
90 g Mango
130 g Orange/Apfelsine
140 g Pfirsich
100 g Pflaumen
220 g Preiselbeeren
120 g Stachelbeeren
160 g Wassermelone
160 g Erdbeersaft, ohne Zuckerzusatz
110 g Orangensaft, ohne Zuckerzusatz
80 g Pflaumensaft, ohne Zuckerzusatz

**Frisches Obst**

**Vollkornbrot**

**Diabetikerzucker und -konfitüre**
12 g Fruchtzucker
25 g Diabetikerkonfitüre mit Zuckeraustauschstoffen (im Durchschnitt)

---

Angaben für weitere Lebensmittel siehe:
BE-Austauschtabelle für Diabetiker
Bearbeitet vom Schulungszentrum der klinischen Abteilung des Diabetes-Forschungsinstituts an der Heinrich-Heine-Universität Düsseldorf
Verlag Kirchheim

## Die Verteilung der Mahlzeiten

Für viele Diabetiker ist es günstiger, mehrere kleine Mahlzeiten zu essen, als wenige große. Dadurch lassen sich oftmals zu hohe Blutzuckerwerte nach den Mahlzeiten vermeiden.

## Die Flüssigkeitsaufnahme

**Fruchtsäfte ohne Zuckerzusatz sind geeignet (BE anrechnen)**

Jeder Mensch, ob Diabetiker oder Nichtdiabetiker, muß auf eine ausreichende Flüssigkeitsaufnahme achten. Die Trinkmenge sollte pro Tag 1 bis 1,5 Liter betragen. Kohlenhydrathaltige Getränke, zum Beispiel ungesüßter Fruchtsaft und Buttermilch, müssen in die tägliche Kohlenhydratmenge eingerechnet werden (siehe dazu die nachfolgende Liste „Getränke").

### Geeignete alkoholfreie Getränke

entfettete Brühe
Fruchtsäfte ohne Zuckerzusatz (Kohlenhydrate bzw. BE anrechnen)
Fruchtsaftgetränke mit Süßstoff und/oder Zuckeraustauschstoffen (Kohlenhydrate bzw. BE anrechnen)
Gemüsesäfte (je nach Zusammensetzung Kohlenhydrate bzw. BE anrechnen)
Kaffee (entcoffeinierten bevorzugen)
Kakao (mit geeigneten Süßungsmitteln selbst zubereiten)
kalorienreduzierte Colagetränke (eventuell Kohlenhydrate bzw. BE anrechnen)
Limonade mit Süßstoff und/oder Zuckeraustauschstoffen (bei einem Gehalt von weniger als 50 kcal bzw. 12 g Kohlenhydraten pro Liter ist etwa 1/2 Liter ohne Anrechnung 1/2 erlaubt)
Milch, Buttermilch, Kefir (Kohlenhydrate bzw. BE anrechnen)
Mineralwasser, Tee

### Ungeeignete alkoholfreie Getränke:
Colagetränke
(übliche Sorten mit Zuckerzusatz)
Fruchtsäfte
(übliche Sorten mit Zuckerzusatz)
Fruchtsaftgetränke
(übliche Sorten mit Zuckerzusatz)
Limonade
(übliche Sorten mit Zuckerzusatz)

## Was man bei alkoholischen Getränken bedenken muß

Alkohol gehört zu den Nahrungsbestandteilen, die für den Menschen nicht notwendig sind. Jedoch ist der Genuß, den er bereitet, unumstritten.
Alkohol enthält viele Kalorien. Wenn man Übergewicht und hohe Blutfettwerte hat, sollte man möglichst keinen Alkohol trinken. Schlanke Diabetiker können kleine Mengen davon trinken. Bei Diabetikern, die Insulin spritzen oder blutzuckersenkende Tabletten einnehmen, kann Alkohol zu Unterzuckerung führen. Daher sollten alkoholische Getränke nur getrunken werden, wenn gleichzeitig Mahlzeiten mit kohlenhydrathaltigen Lebensmitteln gegessen werden.

## Mineralstoffe und Vitamine

Mineralstoffe, Spurenelemente und Vitamine müssen in ausreichender Menge mit der Nahrung zugeführt werden. Sie sind für wichtige Körperfunktionen verantwortlich. Eine abwechslungsreiche Kost, die frisches Obst und Gemüse, Vollkornprodukte und Milch enthält, garantiert Diabetikern und Nichtdiabetikern eine ausreichende Versorgung damit.

# Lebensmittelgruppen und Empfehlungen zur energiearmen Ernährung

| Lebensmittelgruppen | Erläuterungen | Besonders berücksichtigen bei energiearmer Ernährung |
|---|---|---|
| **Gemüse** | alle Gemüse- und Salatsorten sind geeignet; Sorten mit einem hohen Kohlenhydratgehalt werden in die Kohlenhydrat-(BE-)berechnung einbezogen (siehe Kohlenhydrataustausch Seite 9) | alle Sorten reichlich verwenden und stets fettarm zubereiten |
| **Kartoffeln, Teigwaren, Reis und andere Getreidearten** | alle Sorten sind geeignet, Kohlenhydrate (BE) anrechnen | alle Sorten fettarm zubereiten |
| **Obst** | alle Frischobstsorten und Fruchtsäfte ohne Zuckerzusatz sind geeignet; Kompott ist dann geeignet, wenn es ungesüßt oder mit geeigneten Süßungsmitteln hergestellt ist; Kohlenhydrate (BE) anrechnen | jede Obstsorte enthält Kalorien! Frischobst bevorzugen |
| **Brot und Gebäck** | alle Brotsorten sind geeignet; Vollkornprodukte bevorzugen. Alle Gebäcke sind geeignet, die mit Diabetikerzucker und/oder Süßstoff hergestellt sind; bei Brot und Gebäck Kohlenhydrate (BE) anrechnen | grobe Brotsorten sind sättigender; fettarmes Gebäck mit Süßstoff bevorzugen |
| **Süßungsmittel** | als Süßungsmittel sind geeignet: Süßstoffe (Acesulfam K, Aspartame, Cyclamat, Saccharin), die unter verschiedenen Namen im Handel sind, und Zuckeraustauschstoffe (Fruchtzucker, Sorbit); hier Kohlenhydrate (BE) anrechnen | Zuckeraustauschstoffe enthalten Kalorien; Süßstoffe bevorzugen |
| **Gewürze, Kräuter, Essig und Würzmittel** | alle Gewürze und Kräuter einschließlich Essig sind in beliebiger Menge geeignet; Salz sparsam verwenden | |
| **Fleisch** | alle Sorten Fleisch und Fleischwaren sind geeignet; magere Sorten bevorzugen; Fleischportionen begrenzen (weniger als 120 g Rohgewicht) | Fleisch von sichtbarem Fett befreien; fette Wurstsorten meiden |
| **Fisch** | alle Sorten Fisch und Fischwaren sind geeignet | fette Fische und die meisten Fischkonserven sind sehr kalorienreich |
| **Eier** | in begrenzter Menge (2 bis 3 Stück pro Woche) geeignet | das Eigelb ist sehr kalorienreich |
| **Milch und Milchprodukte** | Milch und Milchprodukte, wie Kefir, Sauermilch, Joghurt und alle Käsesorten, sind geeignet; magere Produkte bevorzugen. Milch und Milchprodukte außer Käse und Quark werden in die Kohlenhydrat-(BE-)berechnung einbezogen | Milch und Milchprodukte mit einem Fettgehalt von 1,5 Prozent Fett und weniger beziehungsweise Käse mit 30 Prozent Fett i.Tr. und weniger bevorzugen |

## Kochsalz sparsam verwenden

Der durchschnittliche Kochsalzverbrauch vieler Menschen ist etwa doppelt so hoch wie empfohlen wird. Kochsalz wird als Würzmittel in der Küche verwendet oder kommt auch versteckt in verarbeiteten Lebensmitteln vor. Viele Fertiggerichte sind salzreich. Eine Einschränkung des Kochsalzverbrauchs ist besonders bei Bluthochdruck sinnvoll. Anstelle von Kochsalz können frische Kräuter oder andere Gewürze verwendet werden.

**Szegediner Gulasch**

## Selbstkontrolle ist unverzichtbar

Die Selbstkontrolle der Blutzucker- und eventuell der Harnzuckerwerte ist für viele Diabetiker selbstverständlich. Sie ist notwendig, um rechtzeitig zu hohe oder zu niedrige Blutzuckerwerte zu erkennen und sie dann zu beheben. Sie ist besonders für insulinspritzende Diabetiker unverzichtbar, die durch Selbstanpassung die Insulindosis und die Nahrungsaufnahme aufeinander abstimmen, um so ihren Nüchternblutzucker im normalen Bereich (zwischen 70 und 140 mg/dl) zu halten.

**Gefüllte Hefeschnecken**

## Tagespläne für 1500 Kilokalorien

Für 1 Person

Die Gerichte in diesen Tagesplänen liefern zusammen ca. 1500 kcal • 50 g F • 60 g E • 195 g KH • 16 BE

**Fischfilet ungarische Art**

### 1. Beispiel

**Frühstück**
Roggenbrötchen mit Schinken
75 g Roggenbrötchen
10 g Diätmargarine
20 g roher Schinken

**Zwischenmahlzeit**
Brot mit Apfelscheiben
45 g Weizenvollkornbrot
5 g Diätmargarine
150 g Apfel, in Scheiben

**Mittagessen**
1 Portion Szegediner Gulasch (Rezept S. 26)
1 Portion Obstsalat (Rezept S. 129)

**nachmittags**
1 Portion Gefüllte Hefeschnecke (Rezept S. 167)

**Abendessen**
1 Portion Champignonnudeln (Rezept S. 100)
Tomatensalat
200 g Tomaten
10 g Zwiebel
Essig, gemahlener Pfeffer, Salz, gehackte Kräuter nach Belieben

**Spätmahlzeit**
Joghurt mit Erdbeeren
125 g Joghurt, 1,5 % F.
100 g Erdbeeren, geviertelt
flüssiger Süßstoff

Als Getränke eignen sich für alle Beispiele Kaffee, Tee – eventuell mit wenig Milch und Süßstoff – und Mineralwasser.

### 2. Beispiel

**Frühstück**
Roggentoast mit Gelee
60 g Roggentoast
10 g Diätmargarine
15 g Himbeergelee, mit Fruchtzucker

**Zwischenmahlzeit**
Mehrkornbrot mit Kräutern
60 g Mehrkornbrot
10 g Diätmargarine
gehackte Kräuter nach Belieben
Dazu:
190 g Erdbeeren

**Mittagessen**
1 Portion Fischfilet ungarische Art (Rezept S. 94)
dazu 130 g Salzkartoffeln, mit Dill bestreut
1 Portion Bohnen-Tomaten-Salat (Rezept S. 48)
1 Portion Fruchtsülze (Rezept S. 132)

**nachmittags**
1 Apfeltasche (Rezept S. 168)

**Abendessen**
Roggenbrot mit Rettichscheiben
60 g Roggenmischbrot
5 g Diätmargarine
100 g Rettich, in Scheiben
1 Portion Westfälischer Salat
(Rezept S. 118)
Dazu:
200 g Pampelmuse (mit Schale gewogen)

**Spätmahlzeit**
120 g Kiwis

# Tagespläne für 2000 Kilokalorien

Für 1 Person

Die Gerichte in diesen Tagesplänen liefern zusammen ca. 2000 kcal • 70 g F • 80 g E • 260 g KH • 20 BE

## 1. Beispiel

**Frühstück**
Müsli
30 g grobe Haferflocken
50 g Apfel, geraspelt
10 g getrocknete Aprikosen
    (in kleine Würfel schneiden)
5 g Mandeln (hacken)
125 g Milch 1,5 % Fett (über die vor-
    bereiteten Zutaten gießen)

**Zwischenmahlzeit**
45 g Roggenmischbrot
25 g Frischkäse
100 g Tomate, in Scheiben
Dazu:
180 g Birne

**Mittagessen**
2 Portionen Feldsalat (Rezept S. 45)
1 Portion Buntes Fischragout
(Rezept S. 92)
2 Portionen Röstkartoffeln
(Tip zu dem Rezept „Berner Rösti", S. 58)
1 Portion Rotweingelee (Rezept S. 132)

**nachmittags**
Brötchen mit Konfitüre
60 g Roggenbrötchen
5 g Diätmargarine
25 g Diabetikerkonfitüre mit Fruchtzucker

**Abendessen**
1 Portion Schinkenhörnchen mit Spinat
(Rezept S. 107), 110 g Sauerkirschen

**Spätmahlzeit**
30 g Cräcker
10 g Diätmargarine
120 g Mandarinenstückchen

## 2. Beispiel

**Frühstück**
Brot mit Konfitüre
25 g Weizentoastbrot
35 g Roggenvollkornbrot
10 g Diätmargarine
25 g Diabetikerkonfitüre mit Fruchtzucker

**Zwischenmahlzeit**
Müsli
40 g grobe Haferflocken
50 g Apfel, geraspelt
125 g Joghurt 3,5 % Fett
Zitronensaft, flüssiger Süßstoff

**Mittagessen**
1 Portion Grünkernbratlinge
(Rezept S. 36)
1 Portion Porree mit Schinken
(Rezept S. 40)
1 Portion Kirschgelee (Rezept S. 132)

**nachmittags**
1 Korinthenbrötchen (Rezept S. 167)
¼ l Buttermilch

**Abendessen**
1 Portion Kartoffelsalat (Rezept S. 116)
1 Portion Radieschensalat
(Tip zu dem Rezept Salat „Astor" S. 45)
Brot mit Margarine
60 g Roggenbrot
10 g Diätmargarine

**Spätmahlzeit**
Tomaten-Kresse-Brot
60 g Pumpernickel, 5 g Diätmargarine
50 g Tomate, in Scheiben
Kresse
Dazu: 100 g Nektarine

**Apfeltaschen**

**Feldsalat**

**Grünkernbratlinge**

# HINWEISE ZU DEN REZEPTEN

**Eigene Küchenmaße festlegen**

Die Menge der Zutaten in den Rezepten ist, außer bei Kuchen und Gebäck, für 1 und auch für 3 Personen angegeben. Alle Zutatenmengen für 1 Person sind rot gedruckt. Die Beschreibung der Zubereitung und die angegebenen Zeiten gelten grundsätzlich für 1 Portion. Werden mehrere Portionen hergestellt, kann sich die Zeit verlängern. Die Angaben für den Nährstoff- und den Energiegehalt sind gerundete Werte und gelten für 1 Person. Sie sind deshalb auch rot gedruckt. Die Werte wurden überwiegend dem Tabellenwerk Souci/Fachmann/Kraut: „Die Zusammensetzung der Lebensmittel, Nährwert-Tabellen 1986/87", 3., revidierte und ergänzte Auflage, Wissenschaftliche Verlagsgesellschaft mbH Stuttgart entnommen.
Die BE-Angaben in den Rezepten bedeuten: Die Nahrungsmenge, die 12 Gramm anzurechnende Kohlenhydrate enthält, entspricht 1 BE.

## Abkürzungsverzeichnis

| | |
|---|---|
| BE | Broteinheit |
| dl | Deziliter |
| E | Eiweiß |
| EL | Eßlöffel |
| F | Fett |
| F.i.Tr. | Fett in der Trockenmasse |
| g | Gramm |
| getr. | getrocknet |
| kcal | Kilokalorien |
| kg | Kilogramm |
| KH | Kohlenhydrate |
| mg | Milligramm |
| ml | Milliliter |
| ML | Meßlöffel |
| Msp. | Messerspitze |
| TL | Teelöffel |

## Küchenmaße

Eine Waage mit einer 5-Gramm-Skaleneinteilung gehört in jedem Fall in Ihre Küche. Zur Vereinfachung können Sie viele Lebensmittel in Küchenmaßen abmessen. Überprüfen Sie Tassen und Löffel, die Sie dazu verwenden möchten, bezüglich der Grammenge, die sie fassen. Verwenden Sie nur solche, die den vorgeschriebenen Inhalt haben. Damit haben Sie Ihre eigenen Küchenmaße, die Ihnen die Zubereitung erleichtern und Zeit sparen helfen.
Für viele Lebensmittel gilt:
**3 g = ½ Teelöffel**
**5 g = 1 Teelöffel**
**10 g = 2 Teelöffel**
**15 g = 1 Eßlöffel**
**30 g = 2 Eßlöffel**
**Abmessen von Wasser oder Brühe**
50 g = ⅓ Tasse
75 g = ½ Tasse
100 g = ⅔ Tasse
115 g = ¾ Tasse
150 g = 1 Tasse
**Ei, roh, gekocht**
15 g = ¼ Stück
20 g = ⅓ Stück
30 g = ½ Stück
45 g = ¾ Stück
60 g = 1 Stück
**Ei, roh (Eiweiß und Eigelb verquirlt)**
5 g = ½ Eßlöffel
10 g = 1 Eßlöffel
**Pflanzliches Bindemittel (Eindickungspulver)**
1 g = 1 Meßlöffel
**Gelatine (weiß und rot)**
1 g = ½ Blatt
2 g = 1 Blatt
**Quark, Tomatenmark**
3 g = ⅓ Teelöffel
5 g = ½ Teelöffel
10 g = 1 Teelöffel
30 g = 1 Eßlöffel
**Nüsse (Haselnüsse, Mandeln, Pistazien)**
1 g = etwa 1 Stück

## Hinweise für die Zubereitung

• Man **blanchiert** Gemüse, indem man es 1 bis 2 Minuten in kochendes Wasser legt oder mit kochendem Wasser überbrüht oder Fleisch, in dem man es auch kurz mit kochendem Wasser überbrüht.

- Ein **Ei** besteht etwa zu einem Drittel aus Eigelb und zu zwei Drittel aus Eiweiß. Wenn in den Rezepten Ei angegeben ist, müssen Eigelb und Eiweiß vor dem Abmessen verquirlt werden. Eier der Gewichtsklassen 3 und 4 wiegen durchschnittlich 60 g (55–60 g bzw. 60–65 g).
- **Pflanzliches Bindemittel** (Eindickungspulver) wird anstelle von Mehl, Stärke und anderen stärkehaltigen Bindemitteln verwendet. Es ist geschmacksneutral und ohne Kohlenhydrat-(BE-)berechnung. Es enthält vorwiegend das Quellmittel Johannisbrotkernmehl. Man streut das Pulver durch ein feines Sieb unter ständigem Rühren in die zu bindende Flüssigkeit ein und läßt sie bei heißen Speisen aufkochen. Vorsichtig dosieren, da das Pulver nachquillt.
- Man kann **Fleischbrühe entfetten,** indem man sie in den Kühlschrank stellt und die Fettschicht anschließend abhebt oder indem man kalte oder warme Brühe durch ein Filterpapier gießt oder bei warmer Brühe die Fettschicht vorsichtig mit saugfähigem Papier entfernt.
- Anstelle von entfetteter **Fleischbrühe** kann man Instantbouillon verwenden.
- Für **Fleisch** und **Fisch** gelten die Mengenangaben in den Rezepten für Rohware ohne Abfall, Ausnahmen sind angegeben.
- **Gelatine** wird wie folgt vorbereitet: Blattgelatine mit kaltem Wasser bedecken und etwa 5 Minuten einweichen. Dann herausnehmen und ausdrücken. Die noch nasse Gelatine in einem Topf auf warmer Herdplatte zerlaufen lassen, dann den Topf von der Herdplatte nehmen. Einen Teil der anzudickenden Flüssigkeit mit der Gelatine in dem Topf verrühren, erst dann die restliche Flüssigkeit hineinrühren. Gemahlene Gelatine in etwa 4facher Wassermenge quellen lassen, erwärmen und wie oben beschrieben weiterverarbeiten.
- Alle Mengenangaben zu **Gemüse** und Kartoffeln in den Rezepten beziehen sich auf gewaschene, geputzte bzw. geschälte Frischware (Ausnahmen sind angegeben) beziehungsweise auf den abgetropften Inhalt einer Dose oder eines Glases. Frischgemüse kann gegen konserviertes Gemüse ausgetauscht werden oder umgekehrt, allerdings verändert sich dann die Garzeit.
- Für den Diabetiker sind alle **Kräuter** geeignet: Basilikum, Beifuß, Bohnenkraut, Borretsch, Dill, Estragon, Kerbel, Kresse, Liebstöckel (Maggikraut), Majoran, Minze, Oregano, Petersilie, Pimpinelle, Rosmarin, Salbei, Schnittlauch, Thymian, Melisse.

- Bei **Obst** beziehen sich die Gewichtsangaben in den Rezepten auf das Fruchtfleisch, das heißt auf Obst ohne Schale, Kerngehäuse oder Steine. Ausnahmen sind angegeben.
- **Dunstobst** ist als Kompott ohne Süßungsmittel zubereitet, es kann, wenn auf der Verpackung nicht anders angegeben, mengenmäßig wie Frischobst verwendet werden.
- Wenn in den Zutatenlisten fettarme **Milch** steht, ist Milch mit 1,5 % Fett gemeint.
- **Muttersaft** ist ein reiner Fruchtpreßsaft ohne Zusatz von Zucker und Wasser. Da er sehr konzentriert ist, eignet er sich als Geschmackszutat und ist dann ohne Kohlenhydrat-(BE-)anrechnung.
- **Orangen** oder **Grapefruit** kann man wie folgt filetieren: mit einem scharfen Messer die Schale bis zum Fruchtfleisch abschälen (auch die weiße Haut entfernen). Jede Fruchtspalte an beiden Seiten einschneiden, und so nach und nach die Filets herauslösen.
- Eine **Tomate** enthäutet man, indem man ihren Stiel entfernt, den grünen Blütenansatz herausschneidet und die Haut an einer Stelle kreuzweise einritzt. Dann wird die Tomate kurz in kochendes Wasser getaucht. Nun läßt sich die Haut sehr leicht abziehen.
- Als **Süßungsmittel** sind für Diabetiker Süßstoffe und Zuckeraustauschstoffe (Diabetikerzucker) geeignet (siehe dazu auch Seite 9). 12 g Zuckeraustauschstoffe entsprechen 1 BE und liefern etwa 50 Kilokalorien. Süßstoffe enthalten keine BE und nahezu keine Kalorien. In den Rezepten wird aus praktischen Gründen flüssiger Süßstoff bevorzugt. Die Süßkraft von 1 TL (5 g) handelsüblichem flüssigem Süßstoff entspricht etwa der von 60 g Haushaltszucker. Die Süßkraft von 1 Tablette Süßstoff entspricht etwa der von 4 g Zucker.
Süßstoff und Diabetikerzucker (Zuckeraustauschstoffe) können in den Rezepten nicht beliebig gegeneinander ausgetauscht werden. Zum Beispiel gelingen Rühr- und Biskuitteige besser mit Diabetikerzucker, während Hefe- und Mürbteige auch mit flüssigem Süßstoff gesüßt werden können.
- Für ein **Wasserbad** wird ein größerer Topf 2 bis 3 Zentimeter hoch mit Wasser gefüllt. Darin hängt oder steht ein kleinerer Topf, in dem Speisen zubereitet oder warm gehalten werden, die nicht kochen dürfen.

Orange schälen

Orangenfilets herauslösen

**Hinweise für die Zubereitung** 15

# SUPPEN UND EINTÖPFE

Heiß oder kalt, klar oder gebunden, pikant oder süß – Suppen und Eintöpfe sind vielseitige Gerichte, die sich leicht zubereiten lassen. Fast alle Lebensmittel sind dafür verwendbar, die Grundlage ist stets eine entfettete Brühe (siehe Seite 15). Abgeschmeckt mit frischen Kräutern, Gewürzen und anderen aromaspendenden Zutaten erhält jede Suppe eine immer neue Geschmacksnote.
Suppen eignen sich als Auftakt zu einer warmen Mahlzeit oder als abwechslungsreiche Ergänzung zum kleinen Imbiß. Eintöpfe sind ideal als sättigende Hauptgerichte.

Bei der Zubereitung von Eintöpfen empfiehlt es sich, gleich mehrere Portionen zu kochen. Man kann sie einfrieren, oder die ganze Familie ißt davon.
Mit pflanzlichen Bindemitteln (siehe Seite 15) lassen sich Cremesuppen gut zubereiten, sie sind oft sättigender als eine Bouillon.

## Bouillon „Gärtnerin"

Zubereitungszeit:
ca. 15 Min.

Für 1 und 3 Personen

| | | |
|---|---|---|
| 150 ml | 450 ml | entfettete Fleischbrühe |
| | | Salz |
| 5 g | 15 g | Möhre, in Streifen |
| 5 g | 15 g | Porree, in feinen Ringen |
| 5 g | 15 g | Knollensellerie, in Streifen |
| | | gehackte Petersilie |

**1.** Die Fleischbrühe zum Kochen bringen und mit Salz abschmecken.
**2.** Das Gemüse in die Brühe geben und etwa 10 Minuten garen. Die Petersilie darüberstreuen.

ca. 10 kcal • 1 g F • 1 g E • 1 g KH • 0 BE

### Variation
Geben Sie statt des Gemüses Eierstich in die Brühe. Dafür 20 g bzw. 60 g Ei (1/3 bzw. 1 Stück) mit 10 ml bzw. 30 ml Wasser verquirlen und mit Salz und Muskatnuß abschmecken. Die Eimasse in ein hitzebeständiges Gefäß füllen, in ein heißes Wasserbad stellen und die Eimasse stocken lassen. Den Eierstich würfeln.

ca. 40 kcal • 3 g F • 3 g E • 1 g KH • 0 BE

## Französische Zwiebelsuppe

Zubereitungszeit:
ca. 45 Min.

Für 1 und 3 Personen

65 g  195 g  Zwiebeln
150 ml  450 ml  entfettete
Fleischbrühe
Salz
gemahlener weißer Pfeffer
¼  1  Knoblauchzehe
5 ml  15 ml  Weißwein
10 g  30 g  Weißbrot
5 g  15 g  geriebener
Parmesan

**1.** Die Zwiebeln in feine Scheiben schneiden. Die Zwiebelscheiben und die Fleischbrühe in einem Topf aufkochen und etwa 20 Minuten köcheln lassen.
**2.** Die Suppe mit Salz, Pfeffer, zerdrücktem Knoblauch und Weißwein abschmecken.
**3.** Das Weißbrot mit dem Parmesan bestreuen und kurz im Ofen unter dem Grill überbacken. Die Scheiben in Würfel schneiden und die Käsecroûtons auf die Suppe setzen.

ca. 75 kcal • 2 g F • 4 g E •
10 g KH • ½ BE

## Champignoncremesuppe

Zubereitungszeit: ca. 15 Min.

Für 1 und 3 Personen

| 40 g | 120 g | Champignons aus der Dose |
| 75 ml | 225 ml | Pilzwasser |
| 75 ml | 225 ml | entfettete Fleischbrühe |
| 10 g | 30 g | Sahne 28 % F. |
| ½ | 1 ½ | Meßlöffel pflanzliches Bindemittel (½ g 1 ½ g) |

Salz
gemahlener Pfeffer
gehackte Petersilie

**1.** Die Champignons abtropfen lassen, 75 bzw. 225 Milliliter des Abtropfwassers auffangen.
**2.** Die Fleischbrühe und das Pilzwasser zusammen aufkochen und die Sahne dazugeben. Das Bindemittel hineinrühren und die Suppe nach Packungsanweisung binden.
**3.** Die Champignons in feine Blättchen schneiden, in der Suppe erwärmen und die Suppe mit Salz und Pfeffer abschmecken. Zuletzt die Petersilie darüberstreuen.

ca. 45 kcal • 4 g F • 1 g E • 2 g KH • 0 BE

## Tomatencremesuppe

Zubereitungszeit: ca. 15 Min.

Für 1 und 3 Personen

| 5 g | 15 g | durchwachsener Speck |
| 10 g | 30 g | Zwiebel |
| 20 g | 60 g | gehäutete Tomate |
| 10 g | 30 g | Tomatenmark |
| ¼ | ¾ | Knoblauchzehe |
| 100 ml | 300 ml | entfettete Fleischbrühe |
| ½ | 1 ½ | Meßlöffel pflanzliches Bindemittel |

Salz
gemahlener Pfeffer
flüssiger Süßstoff

**1.** Den Speck würfeln, die Zwiebel fein hacken und die Tomate grob würfeln.
**2.** Die Speckwürfel in einem Topf auslassen, die Zwiebelwürfel dazugeben und mit anrösten. Das Tomatenmark hineinrühren und den Knoblauch durch eine Presse dazudrücken.
**3.** Die Fleischbrühe angießen, das Bindemittel hineinrühren und die Suppe nach Packungsanweisung binden.
**4.** Die Tomatenwürfel in die Suppe geben, diese mit Salz und Pfeffer abschmecken. Die Suppe nach Geschmack mit Süßstoff abschmecken.

ca. 50 kcal • 4 g F • 1 g E • 2 g KH • 0 BE

## Spargel-cremesuppe

Zubereitungszeit:
ca. 15 Min.

Für 1 und 3 Personen

| 30 g | 90 g Spargel aus der Dose |
| 75 ml | 225 ml Spargelwasser |
| 75 ml | 225 ml entfettete Fleischbrühe |
| 10 g | 30 g Kondensmilch 10 % F. |
| ½ | 1 ½ Meßlöffel pflanzliches Bindemittel |

Salz
gemahlener weißer Pfeffer

| 5 ml | 15 ml Zitronensaft |

gehackte Petersilie

**1.** Den Spargel abtropfen lassen und 75 bzw. 225 Milliliter Spargelwasser auffangen.
**2.** Die Fleischbrühe und das Spargelwasser zusammen aufkochen und dann die Kondensmilch dazugeben.
**3.** Das Bindemittel hineinrühren und die Suppe nach Packungsanweisung binden.
**4.** Den Spargel klein schneiden und in der Suppe erwärmen. Diese mit Salz, Pfeffer und dem Zitronensaft abschmecken und die Petersilie zuletzt darüberstreuen.

ca. 25 kcal • 1 g F • 2 g E • 2 g KH • 0 BE

**Suppen und Eintöpfe 21**

### Gebundene Ochsenschwanzsuppe

Zubereitungszeit: ca. 2 ¼ Std.

Für 1 und 3 Personen

| | | |
|---|---|---|
| 3 g | 10 g | Diätmargarine |
| 90 g | 270 g | Ochsenschwanz |
| 10 g | 30 g | Möhre |
| 10 g | 30 g | Zwiebel |
| 10 g | 30 g | Porree |
| 5 g | 15 g | Tomatenmark |
| | | Salz, gemahlener Pfeffer |
| | | Paprikapulver |
| | | Basilikum |
| 225 ml | 675 ml | Wasser |
| 10 ml | 30 ml | Rotwein |
| ½ | 1 ½ | Meßlöffel pflanzliches Bindemittel |

**1.** Die Margarine in einem Topf erhitzen, den Ochsenschwanz von allen Seiten kräftig darin anbraten.
**2.** Möhre, Zwiebel und Porree waschen, in Stücke schneiden und mit dem Tomatenmark dazugeben.
**3.** Mit Salz, Pfeffer, Paprikapulver und Basilikum würzen, das Wasser angießen und die Suppe etwa 2 Stunden im geschlossenen Topf garen.
**4.** Den Ochsenschwanz herausnehmen und die Suppe durch ein Sieb streichen. Das Fleisch vom Ochsenschwanz ablösen, in kleine Würfel schneiden und in der Suppe wieder erwärmen.
**5.** Mit dem Rotwein und wenig Salz abschmecken, das Bindemittel hineinrühren und die Suppe nach Packungsanweisung binden.

ca. 220 kcal • 13 g F • 19 g E • 2 g KH • 0 BE

## Klare Ochsenschwanzsuppe

Zubereitungszeit: ca. 2 ¼ Std.

Für 1 und 3 Personen

| | | |
|---|---|---|
| 90 g | 270 g | Ochsenschwanz |
| Salz | | |
| 225 ml | 675 ml | Wasser |
| 20 g | 40 g | Zwiebeln |
| 10 g | 30 g | Möhren |
| 10 g | 30 g | Porree |
| 10 g | 30 g | Knollensellerie |
| gemahlener Pfeffer | | |
| ½ | 1 | Lorbeerblatt |
| 2 Nelken, Rosmarin | | |
| einige Salbeiblätter | | |
| 1 | 3 | Wacholderbeeren |
| 10 ml | 30 ml | trockener Sherry |

**1.** Den Ochsenschwanz kurz in reichlich kochendem Wasser blanchieren. Anschließend 225 bzw. 675 Milliliter gesalzenes Wasser zum Kochen bringen.
**2.** Das Gemüse (ein Stück Zwiebel zurückbehalten) in Streifen schneiden und mit den Gewürzen dazugeben. Die Anschnittfläche der restlichen Zwiebel vorher rösten und diese ebenfalls in die Suppe geben.
**3.** Die Suppe etwa 2 Stunden im geschlossenen Topf garen.
**4.** Den Ochsenschwanz herausnehmen, das Fleisch vom Knochen lösen und in feine Würfel schneiden.
**5.** Die Brühe durch ein feines Sieb gießen, in den Topf zurückgeben und mit dem Sherry, Salz und Pfeffer abschmecken. Das Fleisch darin wieder erwärmen.

ca. 205 kcal • 11 g F • 19 g E • 0 g KH • 0 BE

## Linsensuppe

Zubereitungszeit:
ca. 1 Std.
Einweichzeit: ca. 12 Std.

Für 1 und 3 Personen

| | | |
|---|---|---|
| 50 g | 150 g | Linsen |
| 250 ml | 750 ml | Wasser |
| 70 g | 210 g | Kartoffeln |
| 20 g | 60 g | Porree |
| 10 g | 30 g | Zwiebel |
| 10 g | 30 g | Möhre |
| 10 g | 30 g | Knollensellerie |
| 45 g | 135 g | roher Schinken ohne Fettrand |
| | | Salz |
| | | gemahlener Pfeffer |
| 5 ml | 15 ml | Essig |
| | | flüssiger Süßstoff |

1. Die Linsen über Nacht in dem Wasser einweichen.
2. Die Kartoffeln zusammen mit dem geputzten Gemüse und dem Schinken fein würfeln.
3. Die Linsen in der Einweichflüssigkeit etwa 10 Minuten bißfest garen, die gewürfelten Zutaten dazugeben und etwa 30 Minuten fertig garen.
4. Den Eintopf mit Salz, Pfeffer, Essig und nach Belieben mit Süßstoff abschmecken.

ca. 400 kcal • 16 g F • 22 g E • 38 g KH • 3 BE

## Wirsingeintopf

Zubereitungszeit:
ca. 1 ½ Std.

Für 1 und 3 Personen

| | | |
|---|---|---|
| 100 g | 300 g | mageres Rindfleisch |
| 5 g | 15 g | durchwachsener Speck |
| 10 g | 30 g | Zwiebel |
| 160 g | 480 g | Kartoffeln |
| | | Salz |
| | | gemahlener Pfeffer |
| ½ | 1 ½ | Lorbeerblätter |
| | | 1 Prise Piment |
| 300 ml | 900 ml | Wasser |
| 150 g | 300 g | Wirsing |
| 10 g | 30 g | Möhre |
| 10 g | 30 g | Porree |
| 10 g | 30 g | Knollensellerie |

1. Das Fleisch in 1 bis 2 Zentimeter große Würfel schneiden. Den Speck und die Zwiebel fein würfeln. Die Kartoffeln ebenfalls würfeln.
2. Den Speck in einem Topf auslassen, das Fleisch in dem Fett anrösten und die Zwiebelwürfel kurz mitbraten. Mit Salz, Pfeffer, den Lorbeerblättern und Piment würzen, das Wasser angießen und das Fleisch etwa 1 Stunde garen.
3. Den Wirsing, die Möhren, den Porree und den Sellerie in feine Streifen schneiden. Zusammen mit den Kartoffeln in den Topf geben und weitere 20 Minuten fertig garen. Den Eintopf nochmals abschmecken.

ca. 355 kcal • 10 g F • 30 g E • 33 g KH • 2 BE

## Pichelsteiner Eintopf

Zubereitungszeit:
ca. 1 ½ Std.

Für 1 und 3 Personen

| | | |
|---|---|---|
| 50 g | 150 g | mageres Rindfleisch |
| 50 g | 150 g | mageres Schweinefleisch |
| 5 g | 15 g | Diätmargarine |
| | | Salz |
| | | gemahlener Pfeffer |
| | | geriebene Muskatnuß |
| ½ | 1 ½ | Lorbeerblätter |
| 300 ml | 900 ml | Wasser |
| 10 g | 30 g | roher Schinken |
| 10 g | 30 g | Zwiebel |
| 160 g | 480 g | Kartoffeln |
| 150 g | 450 g | Weißkohl |
| 15 g | 45 g | Knollensellerie |
| 10 g | 30 g | Möhre |
| | | gehackte Petersilie |

**1.** Das Rind- und das Schweinefleisch in 1 bis 2 Zentimeter große Würfel schneiden.
**2.** Die Margarine in einem Topf erhitzen, das Rindfleisch darin anbraten und mit Salz, Pfeffer, Muskatnuß und den Lorbeerblättern würzen.
**3.** Das Wasser angießen und kurze Zeit kochen lassen. Den Schinken und die Zwiebel in kleine Würfel schneiden und mit dem Schweinefleisch unter die Rindfleischwürfel mischen. Alles etwa 40 Minuten weitergaren.
**4.** Die Kartoffeln würfeln, den Weißkohl, den Sellerie und die Möhren in Streifen schneiden. Gemüse und die Kartoffeln in den Topf geben und etwa 30 Minuten weiter garen. Den Eintopf abschmecken und zuletzt die Petersilie darüberstreuen.

ca. 455 kcal • 23 g F • 26 g E • 32 g KH • 2 BE

**Suppen und Eintöpfe**

## Szegediner Gulasch

Zubereitungszeit: ca. 1½ Std.

Für 1 und 3 Personen

| | | |
|---|---|---|
| 100 g | 300 g | mageres Rindfleisch |
| 5 g | 15 g | Diätmargarine |
| 20 g | 60 g | Zwiebeln |
| 10 g | 30 g | Tomatenmark |
| | | Salz |
| | | gemahlener Pfeffer |
| | | Paprikapulver |
| ½ | 1½ | Lorbeerblätter |
| 300 ml | 900 ml | Wasser |
| 100 g | 300 g | Sauerkraut |
| 160 g | 480 g | Kartoffeln |
| | | flüssiger Süßstoff |

**1.** Das Fleisch in 1 bis 2 Zentimeter große Würfel schneiden. Die Margarine in einem Topf erhitzen und das Fleisch darin von allen Seiten anbraten.
**2.** Die Zwiebeln hacken, mit dem Tomatenmark unter das Fleisch rühren und kurz anrösten. Mit Salz, Pfeffer, Paprikapulver und den Lorbeerblättern würzen, das Wasser angießen und den Eintopf etwa 1 Stunde garen.
**3.** Nach der Hälfte der Garzeit das Sauerkraut in den Topf geben. Die Kartoffeln in der Zwischenzeit waschen und in Salzwasser garen.
**4.** Den fertigen Gulasch pikant abschmecken, nach Belieben etwas Süßstoff dazugeben und die Kartoffeln getrennt dazu reichen.

ca. 330 kcal • 11 g F • 26 g E • 29 g KH • 2 BE

## Serbische Bohnensuppe

Zubereitungszeit: ca. 1 ¾ Std.
Einweichzeit: ca. 12 Std.

Für 1 und 3 Personen

| | | |
|---|---|---|
| 70 g | 210 g | weiße Bohnen |
| ½ l | 1 ½ l | Wasser |
| 100 g | 300 g | mageres Rindfleisch |
| 10 g | 30 g | Zwiebeln |
| 5 g | 15 g | Sonnenblumenöl |
| 10 g | 30 g | Tomatenmark |
| 10 g | 30 g | Möhre |
| 50 g | 150 g | rote Paprikaschote |
| 10 g | 30 g | Porree |

Salz
gemahlener Pfeffer
Paprikapulver
Bohnenkraut

**1.** Die Bohnen über Nacht in dem Wasser einweichen.
**2.** Das Fleisch in etwa ½ Zentimeter große Würfel schneiden, die Zwiebeln hacken.
**3.** Die Bohnen auf ein Sieb geben, das Einweichwasser auffangen. Das Öl in einem Topf erhitzen, das Fleisch darin anbraten, die Zwiebelwürfel und das Tomatenmark kurz mitrösten.
**4.** Die abgetropften Bohnen dazugeben, kurz schmoren lassen und das Einweichwasser angießen. Das Ganze etwa 1 Stunde kochen.
**5.** Die Möhren, die Paprikaschote und den Porree fein schneiden. Etwa 15 Minuten vor Ende der Garzeit in die Suppe rühren und diese mit Salz, Pfeffer, Paprikapulver und Bohnenkraut kräftig abschmecken.

ca. 445 kcal • 14 g F • 37 g E • 38 g KH • 3 BE

## Irish Stew

Zubereitungszeit:
ca. 1 ¼ Std.

Für 1 und 3 Personen

| | | |
|---|---|---|
| 100 g | 300 g | mageres Hammelfleisch |
| 10 g | 30 g | Zwiebel |
| 3 g | 10 g | Öl |
| | | Salz |
| | | gemahlener Pfeffer |
| | | gerebelter Thymian |
| ½ | 1 ½ | Lorbeerblätter |
| ½ | 1 | Knoblauchzehe |
| 300 ml | 900 ml | Wasser |
| 150 g | 450 g | Weißkohl |
| 160 g | 480 g | Kartoffeln |

**1.** Das Fleisch in 2 bis 3 Zentimeter große Würfel schneiden, die Zwiebel fein würfeln.
**2.** Das Öl in einem Topf erhitzen und die Fleisch- und Zwiebelwürfel darin kurz anbraten. Mit Salz, Pfeffer, Thymian, den Lorbeerblättern und dem zerdrückten Knoblauch würzen und das Wasser angießen. Das Fleisch etwa 20 Minuten schmoren.
**3.** Den Weißkohl grob schneiden. Zum Fleisch geben und den Eintopf etwa 40 Minuten garen. Danach evtl. nachwürzen.
**4.** In der Zwischenzeit die Kartoffeln in Salzwasser garen. Die Kartoffeln getrennt zum Eintopf reichen.

ca. 425 kcal • 22 g F • 23 g E • 31 g KH • 2 BE

## Grüne Bohnen mit Hammelfleisch

Zubereitungszeit:
ca. 1 ¼ Std.

Für 1 und 3 Personen

| | | |
|---|---|---|
| 100 g | 300 g | mageres Hammelfleisch |
| 5 g | 15 g | durchwachsener Speck |
| 10 g | 30 g | Zwiebel |
| 150 ml | 450 ml | Wasser |
| | | Salz |
| | | gemahlener Pfeffer |
| | | Bohnenkraut |
| 160 g | 480 g | Kartoffeln |
| 5 g | 15 g | Möhre |
| 5 g | 15 g | Knollensellerie |
| 150 g | 450 g | grüne Bohnen, frisch oder aus der Dose |

**1.** Das Fleisch in 1 bis 2 Zentimeter große Würfel, den Speck und die Zwiebel in feine Würfel schneiden.
**2.** Die Speckwürfel in einem Topf auslassen und die Fleisch- und die Zwiebelwürfel darin anbraten. Das Wasser angießen und alles mit Salz, Pfeffer und Bohnenkraut würzen.
**3.** Die Kartoffeln würfeln. Die Möhren und den Sellerie in Streifen schneiden. Alle Zutaten zum Fleisch geben und den Eintopf etwa 1 Stunde kochen.
**4.** Bei Verwendung von frischen Bohnen, diese in etwa 2 Zentimeter lange Stücke schneiden. Die frischen Bohnen bereits mit dem anderen Gemüse dazugeben, Konservenbohnen erst zum Schluß mit erhitzen. Den Eintopf zuletzt nochmals abschmecken.

ca. 455 kcal • 22 g F • 26 g E • 35 g KH • 2 BE

## Grüne Bohnen mit Rindfleisch

Zubereitungszeit:
ca. 1 ½ Std.

Für 1 und 3 Personen

| | | |
|---|---|---|
| 100 g | 300 g | mageres Rindfleisch |
| 5 g | 15 g | durchwachsener Speck |
| 10 g | 30 g | Zwiebel |
| 5 g | 15 g | Möhre |
| 5 g | 15 g | Knollensellerie |
| 160 g | 480 g | Kartoffeln |
| | | Salz |
| | | gemahlener Pfeffer |
| | | Bohnenkraut |
| 150 ml | 450 ml | Wasser |
| 150 g | 450 g | grüne Bohnen, aus der Dose |

**1.** Das Fleisch in etwa 1 Zentimeter große Würfel schneiden, den Speck fein würfeln. Die Zwiebel ebenfalls würfeln. Die Möhren und den Sellerie in feine Streifen schneiden und die Kartoffeln würfeln.
**2.** Den Speck in einem Topf auslassen und das Fleisch darin anbraten. Die Zwiebelwürfel kurz mitrösten, alles mit Salz, Pfeffer und Bohnenkraut würzen und das Wasser angießen.
**3.** Die Möhren- und die Selleriestreifen zusammen mit den Kartoffeln dazugeben und den Eintopf etwa 1 Stunde garen.
**4.** Die Bohnen abtropfen lassen, zum Schluß in dem Eintopf erhitzen und diesen nochmals würzig abschmecken.

ca. 335 kcal • 10 g F • 27 g E • 31 g KH • 2 BE

## Freiburger Eintopf

Zubereitungszeit: ca. 1 Std.

Für 1 und 3 Personen

| | | |
|---|---|---|
| 100 g | 300 g | mageres Schweinefleisch |
| 3 g | 10 g | Diätmargarine |
| 5 g | 15 g | roher Schinken |
| 10 g | 30 g | Zwiebel |
| 450 ml | 1350 ml | Wasser |
| 20 ml | 60 ml | Weißwein |
| 160 g | 480 g | Kartoffeln |
| 30 g | 90 g | Kohlrabi |
| 30 g | 90 g | Porree |
| 20 g | 60 g | Möhren |
| 30 g | 90 g | Blumenkohl |
| | | Salz |
| | | gemahlener Pfeffer |
| ½ | 1½ | Lorbeerblätter |
| 15 g | 45 g | Erbsen, aus der Dose |

**1.** Das Fleisch in 1 bis 2 Zentimeter große Würfel schneiden. Die Margarine in einem Topf erhitzen und die Fleischwürfel darin von allen Seiten anbraten.

**2.** Den Schinken und die Zwiebel würfeln, kurz mit dem Fleisch braten, dann das Wasser und den Weißwein angießen.

**3.** Die Kartoffeln würfeln. Den Kohlrabi, den Porree und die Möhren in Streifen schneiden. Den Blumenkohl in Röschen teilen.

**4.** Die Kartoffeln und das Gemüse mit dem Fleisch mischen, mit Salz und Pfeffer würzen, die Lorbeerblätter hinzufügen und den Eintopf etwa 30 Minuten garen.

**5.** Die Erbsen zum Schluß darunterheben, warm werden lassen und das Gericht evtl. mit Salz nachwürzen.

ca. 510 kcal • 23 g F •
24 g E • 31 g KH • 2 BE

## Berliner Geflügeleintopf

Zubereitungszeit:
ca. 1 ½ Std.

Für 1 und 3 Personen

| | | |
|---|---|---|
| 30 g | 90 g | roher Reis |
| Salz | | |
| 160 g | 500 g | Huhn mit Knochen |
| 50 g | 150 g | Möhren |
| 30 g | 90 g | Porree |
| 30 g | 90 g | Knollensellerie |
| 20 g | 60 g | Spargel aus der Dose |
| 15 g | 45 g | Erbsen, aus der Dose |
| 10 g | 30 g | Diätmargarine |
| gemahlener Pfeffer | | |
| ½ | 1 | Zweig Liebstöckel |
| gehackte Petersilie | | |

1. Den Reis waschen und in etwa 165 bzw. 500 Millilitern leicht gesalzenem Wasser etwa 20 Minuten kochen und abgießen.
2. In der Zwischenzeit das Huhn waschen. Die Möhren, den Porree und den Sellerie grob würfeln. Das Gemüse und das Huhn in 335 bzw. 1000 Millilitern leicht gesalzenem Wasser etwa 20 Minuten kochen.
3. Wenn das Gemüse weich ist, dieses herausnehmen und das Huhn etwa 40 Minuten weiterkochen.
4. Das Suppengemüse fein würfeln, den Spargel in Stücke schneiden und alles mit den Erbsen mischen.
5. Das Huhn aus der Brühe nehmen und leicht abkühlen lassen. Dann das Fleisch von den Knochen lösen und klein schneiden.
6. Das Gemüse, das Fleisch, den Reis und die Margarine in die entfettete Brühe geben.
7. Den Eintopf erwärmen, mit Salz, Pfeffer und gehacktem Liebstöckel abschmecken und zuletzt mit Petersilie bestreuen.

ca. 350 kcal • 10 g F • 32 g E • 30 g KH • 2 BE

**Suppen und Eintöpfe**

## Andalusische Suppe

Zubereitungszeit:
ca. 15 Min.

Für 1 und 3 Personen

| | | |
|---|---|---|
| 20 g | 60 g | Tomate |
| 10 g | 30 g | rote Paprikaschote |
| 10 g | 30 g | Zwiebel |
| 10 g | 30 g | Gewürzgurke |
| 80 ml | 240 ml | Tomatensaft |
| 20 g | 60 g | saure Sahne |
| ¼ | ¾ | Knoblauchzehe |

Salz
gemahlener Pfeffer
Paprikapulver
Schnittlauch, in Röllchen

**1.** Die Tomate, die Paprikaschote, die Zwiebel und die Gurke fein würfeln.
**2.** Die Gemüsewürfel mit dem Tomatensaft und der sauren Sahne verrühren.
**3.** Den Knoblauch zerdrücken. Die Suppe mit dem Knoblauch, wenig Salz, Pfeffer und Paprikapulver würzen.
**4.** Zuletzt den Schnittlauch darüberstreuen, die Suppe kalt stellen und gut gekühlt servieren.

ca. 60 kcal • 4 g F • 2 g E • 5 g KH • 0 BE

## Tomatenkaltschale

Zubereitungszeit:
ca. 15 Min.

Für 1 und 3 Personen

| | | |
|---|---|---|
| 150 ml | 450 ml | Tomatensaft |
| 50 ml | 150 ml | entfettete Fleischbrühe |

Salz
gemahlener Pfeffer
etwas Worcestersoße

| | | |
|---|---|---|
| 5 g | 15 g | geriebener Schnittkäse 45 % F.i.Tr. |

Schnittlauch, in Röllchen

**1.** Den Tomatensaft mit der Fleischbrühe verrühren und mit Salz, Pfeffer und Worcestersoße abschmecken.
**2.** Den Käse und die Schnittlauchröllchen darüberstreuen und die Suppe gut gekühlt servieren.

ca. 45 kcal • 2 g F • 2 g E • 3 g KH • 0 BE

## Erdbeerkaltschale

Zubereitungszeit: ca. 15 Min.

Für 1 und 3 Personen

80 g   240 g   Erdbeeren
150 ml 450 ml  Wasser
15 ml  45 ml   Rotwein
flüssiger Süßstoff
5 ml   15 ml   Zitronensaft
½      1 ½     Meßlöffel
pflanzliches Bindemittel nach Belieben

**1.** Die Erdbeeren je nach Größe vierteln und in dem Wasser einige Minuten garen.
**2.** Den Rotwein dazugeben und die Suppe mit Süßstoff und Zitronensaft abschmecken.
**3.** Nach Belieben das Bindemittel hineinrühren und die Suppe nach Packungsanweisung binden. Die Suppe vor dem Servieren kalt stellen.

ca. 35 kcal • 0 g F • 1 g E • 6 g KH • ½ BE

## Apfelsuppe mit Schneeklößchen

Zubereitungszeit: ca. 15 Min.

Für 1 und 3 Personen

70 ml  200 ml  Wasser
10 ml  30 ml   Zitronensaft
flüssiger Süßstoff nach Belieben
100 g  300 g   Apfel mit Schale
10 g   30 g    Eiweiß

**1.** Das Wasser mit dem Zitronensaft mischen, mit Süßstoff süßen und in einen Topf geben.
**2.** Den Apfel schälen, in Spalten schneiden und die Apfelspalten in dem Zitronenwasser einige Minuten kochen.
**3.** Das Eiweiß zu steifem Schnee schlagen und mit Süßstoff süßen. Mit einem Löffel kleine Klößchen abstechen und auf die heiße Apfelsuppe setzen.
**4.** Diese kurz aufkochen lassen und die Klößchen im geschlossenen Topf neben der Kochstelle 2 bis 3 Minuten ziehen lassen.

ca. 60 kcal • 0 g F • 2 g E • 13 g KH • 1 BE

### Tip
Die Suppe können Sie auch als Kaltschale essen.

**Suppen und Eintöpfe**

# GEMÜSE UND SALATE

Wer sich gesund ernähren möchte, sollte das große Angebot an Gemüse nutzen. In abwechslungsreicher Zubereitung sind zum Beispiel knackige Salate eine Bereicherung für jede Mahlzeit. Aus Gemüse und Salaten erhält der Körper viele Vitamine, Mineral- und Ballaststoffe, letztere sorgen für eine gute Sättigung und regeln die Verdauung auf natürliche Weise. Salate sollten möglichst erst kurz vor dem Verzehr zubereitet werden. Verschiedene Salatsoßen sorgen für Abwechslung. Anstelle von frischem Gemüse können auch Konserven verwendet werden, wenn die Zubereitung einmal schnell gehen muß.

## Grünkernbratlinge

Zubereitungszeit:
ca. 70 Min.

Für 1 und 3 Personen

| 40 g | 120 g | Zwiebeln |
| 10 g | 30 g | Diätmargarine |
| 40 g | 120 g | Grünkernschrot |
| 120 ml | 360 ml | entfettete Brühe |
| | | gemahlener Pfeffer |
| | | Salz |
| 30 g | 90 g | geriebener Edamer 30 % F. i. Tr. |
| 30 g | 90 g | Ei |
| 10 g | 30 g | feine Haferflocken |
| | | gehackte Petersilie |

**1.** Die Zwiebeln in feine Würfel schneiden. 1 Messerspitze bzw. einen halben Teelöffel Margarine in einem Topf erhitzen und die Zwiebelwürfel darin glasig braten.
**2.** Das Grünkernschrot dazugeben und die Brühe angießen. Das Ganze mit Pfeffer und Salz würzen und bei geringer Hitzezufuhr im geschlossenen Topf etwa 30 Minuten ausquellen lassen. Den Topf vom Herd nehmen und die Grünkernmasse abkühlen lassen.
**3.** Den Käse, die Eier, die Haferflocken und die Petersilie unter die Grünkernmasse rühren und diese nochmals mit Pfeffer und Salz abschmecken.
**4.** Aus der Grünkernmasse 4 bzw. 12 Bratlinge formen. Die restliche Margarine in einer Pfanne erhitzen und die Bratlinge darin von beiden Seiten goldgelb braten.

ca. 390 kcal • 19 g F • 19 g E • 34 g KH • 3 BE

## Hirseplätzchen

Zubereitungszeit:
ca. 70 Min.

Für 1 und 3 Personen

| 15 g | 45 g | Zwiebeln |
| 30 g | 90 g | Möhre |
| 30 g | 90 g | Porree |
| 5 g | 15 g | Butter |
| 45 g | 135 g | Hirse |
| 200 ml | 600 ml | entfettete Fleisch- oder Gemüsebrühe |
| | | Salz |
| | | gemahlener Pfeffer |
| ¼ | ¾ | Knoblauchzehe |
| ¼ | ¾ | Lorbeerblatt |
| | | Majoran |
| 30 g | 90 g | Ei |
| 15 g | 45 g | Semmelbrösel |
| 10 g | 30 g | Öl |

**1.** Die Zwiebel und die Möhre in feine Würfel, den Porree in feine Streifen schneiden.
**2.** Die Butter in einem Topf erhitzen. Das vorbereitete Gemüse darin anbraten und die Hirse dazugeben. Die Brühe angießen und das Ganze mit Salz, Pfeffer, zerdrücktem Knoblauch, dem Lorbeerblatt und Majoran würzen.
**3.** Das Ganze etwa 10 Minuten bei schwacher Hitze im geschlossenen Topf kochen, die Herdplatte ausschalten und die Hirse weitere 30 Minuten ausquellen lassen. Danach evtl. 1 bis 2 Eßlöffel Wasser unterrühren.
**4.** Den Hirsebrei abkühlen lassen. Die Eier und die Semmelbrösel unterrühren und alles mit Pfeffer und Salz abschmecken.
**5.** Aus der Masse 4 bzw. 12 flache Plätzchen formen, das Öl in einer Pfanne erhitzen und die Plätzchen darin von beiden Seiten goldbraun braten.

ca. 400 kcal • 20 g F • 12 g E • 40 g KH • 3 BE

**Tip**
Servieren Sie die Hirseplätzchen mit Tomatensoße (siehe Rezept „Fischfrikadellen in Tomatensoße" Seite 96) und Kopfsalat.

## Sauerkraut

Zubereitungszeit:
ca. 45 Min.

Für 1 und 3 Personen

| 5 g | 15 g | durchwachsener Speck |
| 5 g | 15 g | Zwiebel |
| 150 g | 450 g | Sauerkraut |
| | | Salz |
| | | gemahlener Pfeffer |
| ½ | 1 ½ | Lorbeerblätter |
| 2 | 6 | Wacholderbeeren |
| | | flüssiger Süßstoff |

**1.** Den Speck und die Zwiebel würfeln. Die Speckwürfel in einem Topf auslassen und die Zwiebelwürfel darin goldbraun anbraten.
**2.** Zwei Drittel des Sauerkrauts dazugeben, mit wenig Salz, Pfeffer, den Lorbeerblättern, den Wacholderbeeren und nach Belieben mit Süßstoff würzen.
**3.** Etwa 75 bzw. 225 Milliliter Wasser angießen und das Sauerkraut etwa 30 Minuten im geschlossenen Topf garen.
**4.** Das restliche Sauerkraut daruntermischen, kurz aufkochen lassen und nochmals abschmecken.

ca. 60 kcal • 4 g F • 3 g E • 3 g KH • 0 BE

## Apfelrotkohl

Zubereitungszeit:
ca. 75 Min.

Für 1 und 3 Personen

| 150 g | 450 g | Rotkohl |
| 50 g | 150 g | Äpfel |
| 5 g | 15 g | Zwiebel |
| 5 g | 15 g | Diätmargarine |
| | | Salz |
| | | gemahlener Pfeffer |
| ½ | 1 ½ | Lorbeerblätter |
| 1 | 3 | Nelken |
| 5 ml | 15 ml | Essig |
| | | flüssiger Süßstoff |

**1.** Den Rotkohl in feine Streifen schneiden. Die Äpfel grob würfeln.
**2.** Die Zwiebel hacken. Die Margarine in einem Topf erhitzen, die Apfel- und Zwiebelwürfel darin anbraten und den Rotkohl dazugeben.
**3.** Das Gemüse mit Salz, Pfeffer, den Lorbeerblättern, den Nelken, Essig und wenig Süßstoff würzen.
**4.** Etwa 75 bzw. 225 Milliliter Wasser angießen und den Apfelrotkohl im geschlossenen Topf etwa 1 Stunde dünsten. Danach eventuell nochmals abschmecken.

ca. 95 kcal • 5 g F • 3 g E • 11 g KH • ½ BE

Gemüse und Salate 37

## Bayerisches Kraut

Zubereitungszeit:
ca. 75 Min.

Für 1 und 3 Personen

10 g  30 g  durch-
wachsener Speck
10 g  30 g  Zwiebel
200 g  600 g  Weißkohl
Salz
gemahlener Pfeffer
Kümmel
5 ml  15 ml  Essig

**1.** Den Speck und die Zwiebel in Würfel schneiden. Die Speckwürfel in einem Topf auslassen und die Zwiebelwürfel darin goldbraun braten.
**2.** Den Weißkohl in feine Streifen schneiden. Den Kohl in den Topf geben und etwa 50 bzw. 150 Milliliter Wasser angießen.
**3.** Das Kraut mit Salz, Pfeffer und Kümmel würzen und etwa 1 Stunde dünsten. Zuletzt mit dem Essig abschmecken.

ca. 115 kcal • 7 g F • 4 g E • 8 g KH • 0 BE

## Grünkohl

Zubereitungszeit:
ca. 1 Std.

Für 1 und 3 Personen

200 g  600 g  Grünkohl
5 g  15 g  durchwachsener Speck
10 g  30 g  Zwiebel
Salz
gemahlener Pfeffer
geriebene Muskatnuß

**1.** Den Grünkohl in feine Streifen schneiden. Den Speck würfeln und die Zwiebel hacken.
**2.** Die Speckwürfel in einem Topf auslassen, die Zwiebeln darin goldbraun braten und den Grünkohl dazugeben. Das Gemüse mit Salz und Pfeffer würzen.
**3.** Etwa 75 bzw. 225 Milliliter Wasser angießen und den Grünkohl etwa 40 Minuten im geschlossenen Topf garen. Das Gemüse zuletzt mit Muskatnuß abschmecken.

ca. 95 kcal • 5 g F • 9 g E • 3 g KH • 0 BE

## Blumenkohl „Mornay"

Zubereitungszeit:
ca. 40 Min.
Vorheizen des Backofens
(Oberhitze oder Grill)
Zeit zum Überbacken:
ca. 5 Min.

Für 1 und 3 Personen

Salz
10 ml  30 ml  Zitronensaft
150 g  450 g  Blumenkohl-
röschen
60 ml  180 ml  entfettete
Fleischbrühe
½ TL  10 ml  Kondens-
milch 7,5 % F.
10 g  15 g  geriebener
Parmesan
1  3  Meßlöffel pflanzliches
Bindemittel
gemahlener Pfeffer

**1.** Etwa 300 bzw. 900 Milliliter leicht gesalzenes Wasser mit einem Teil des Zitronensaftes in einen Topf geben und zum Kochen bringen.
**2.** In der Zwischenzeit den Blumenkohl in das Salzwasser geben und etwa 30 Minuten garen. Anschließend den Kohl herausnehmen, abtropfen lassen und in eine feuerfeste Form setzen.
**3.** Die Fleischbrühe in einen Topf geben und mit der Kondensmilch und dem Parmesan aufkochen. Das Bindemittel hineinrühren und das Ganze nach Packungsanweisung binden. Die Soße mit Salz, Pfeffer und dem restlichen Zitronensaft würzen.
**4.** Die Soße über den Blumenkohl gießen und diesen bei starker Oberhitze kurz überbacken.

ca. 85 kcal • 4 g F • 8 g E •
5 g KH • 0 BE

## Brokkoli polnische Art

Zubereitungszeit:
ca. 25 Min.

Für 1 und 3 Personen

Salz
200 g  600 g  Brokkoli
geriebene Muskatnuß
5 g  15 g  Diätmargarine
10 g  30 g  Semmelbrösel
15 g  45 g  hart gekochtes
Ei
gehackte Petersilie
30 ml  90 ml  Gemüse-
kochwasser
gemahlener Pfeffer

**1.** Etwa 150 bzw. 450 Milliliter leicht gesalzenes Wasser zum Kochen bringen.
**2.** Zuerst die zarten Teile der Brokkolistiele und nach 5 Minuten auch die Röschen in das Salzwasser geben und garen. Die Brokkoli herausnehmen, abtropfen lassen und mit Muskatnuß würzen. Das Kochwasser aufheben.
**3.** Die Margarine in einem Topf erhitzen und die Semmelbrösel darin kurz anrösten. Das Ei hacken und mit der Petersilie dazugeben.
**4.** Etwa 30 bzw. 90 Milliliter Gemüsekochwasser angießen und das Ganze unter Rühren so lange kochen, bis eine dickliche Soße entstanden ist. Die Soße mit Salz und Pfeffer abschmecken und über die Brokkoli ziehen.

ca. 135 kcal • 6 g F •
10 g E • 10 g KH • ½ BE

**Gemüse und Salate** 39

## Champignons

Zubereitungszeit:
ca. 20 Min.

Für 1 und 3 Personen

100 g  300 g  frische Champignons
10 ml  30 ml  Weißwein
Salz
gemahlener Pfeffer
gehackte Petersilie

**1.** Die Champignons je nach Größe halbieren oder vierteln.
**2.** Die Pilze mit dem Weißwein und etwa 15 bzw. 45 Milliliter Wasser in einen Topf geben und etwa 10 Minuten dünsten.
**3.** Das Champignongemüse mit Salz und Pfeffer würzen und die Petersilie zuletzt darüberstreuen.

ca. 20 kcal • 0 g F • 3 g E • 1 g KH • 0 BE

## Porree mit Schinken

Zubereitungszeit:
ca. 30 Min.

Für 1 und 3 Personen

190 g  570 g  Porree
50 ml  150 ml  entfettete Fleischbrühe
Salz
gemahlener Pfeffer
geriebene Muskatnuß
20 g  60 g  gekochter Schinken

**1.** Den Porree in etwa 2 Zentimeter große Stücke schneiden.
**2.** Die Fleischbrühe in einem Topf erhitzen, mit Salz, Pfeffer und Muskatnuß kräftig würzen, den Porree dazugeben und garen.
**3.** Den Schinken in Streifen schneiden und zuletzt vorsichtig mit dem Gemüse mischen. Dieses evtl. nachwürzen.

ca. 95 kcal • 3 g F • 9 g E • 7 g KH • 0 BE

## Erbsen französische Art

Zubereitungszeit: ca. 25 Min.

Für 1 und 3 Personen

50 ml   150 ml   entfettete Fleischbrühe
5 ml   15 ml   Kondensmilch
¼   ¾   Meßlöffel pflanzliches Bindemittel
10 g   30 g   Perlzwiebeln
100 g   300 g   Erbsen
Salz
gemahlener Pfeffer
flüssiger Süßstoff
1   3   Kopfsalatherz(en)

1. Die Fleischbrühe in einem Topf erhitzen und mit der Kondensmilch verrühren.
2. Das Bindemittel hineinrühren und das Ganze nach Packungsanweisung binden.
3. Die Perlzwiebeln vierteln und mit den Erbsen in der Soße erhitzen. Mit Salz, Pfeffer und Süßstoff abschmecken.
4. Den Kopfsalat in feine Streifen schneiden. Zuletzt über das Gemüse streuen.

ca. 90 kcal • 1 g F • 7 g E • 12 g KH • 1 BE

## Grüne Bohnen mit Speck

Zubereitungszeit: ca. 25 Min.

Für 1 und 3 Personen

200 g   600 g   grüne Bohnen, aus der Dose oder frisch
Salz
½   1½   Stengel Bohnenkraut
5 g   15 g   durchwachsener Speck
10 g   30 g   Zwiebel
gemahlener Pfeffer
gehackte Petersilie

1. Frische Bohnen in leicht gesalzenem Wasser mit Bohnenkraut gewürzt garen.
2. Die Bohnen abgießen und abtropfen lassen. Das Bohnenkraut entfernen. Den Speck und die Zwiebel fein würfeln.
3. Die Speckwürfel in einem Topf auslassen und die Zwiebelwürfel darin goldbraun braten.
4. Die Bohnen dazugeben, kurz mitbraten und mit Salz und Pfeffer würzen. Zuletzt die Petersilie darüberstreuen.

ca. 80 kcal • 4 g F • 3 g E • 9 g KH • 0 BE

## Überbackener Fenchel

Zubereitungszeit:
ca. 15 Min.
Vorheizen des Backofens
(Oberhitze oder Grill)

Für 1 und 3 Personen

| | | |
|---|---|---|
| 130 g | 390 g | Fenchel |
| Salz | | |
| 10 g | 30 g | gekochter Schinken |
| 10 g | 30 g | Lachsschinken |
| 10 g | 30 g | milder Schnittkäse 40% F. i. Tr. |
| 5 g | 15 g | geriebener Parmesan |

**1.** Die Fenchelknollen halbieren und die Fenchelhälften in etwa 150 bzw. 450 Millilitern Salzwasser weich kochen.
**2.** Das Gemüse herausheben, gut abtropfen lassen und in eine feuerfeste Form legen. Den Schinken in Streifen schneiden und den Käse fein würfeln.
**3.** Die Schinkenstreifen über die Fenchelhälften verteilen. Die Käsewürfel mit dem Parmesan mischen und über die Schinkenstreifen streuen.
**4.** Den Fenchel bei starker Oberhitze oder unter dem Grill so lange überbacken, bis der Käse geschmolzen und leicht gebräunt ist.

ca. 180 kcal • 9 g F •
11 g E • 10 g KH • 0 BE

## Weizen-Gemüse-Topf

Einweichzeit:
ca. 12 Std.
Zubereitungszeit:
ca. 1½ Std.

Für 1 und 3 Personen

| | | |
|---|---|---|
| 60 g | 180 g | Weizenkörner |
| 40 g | 120 g | Möhren |
| 30 g | 90 g | Porree |
| 30 g | 90 g | Zwiebeln |
| | | frischer Majoran |
| 150 ml | 450 ml | entfettete Fleisch- oder Gemüsebrühe |
| 5 g | 15 g | Diätmargarine |
| | | gemahlener Pfeffer |
| | | Salz |
| 5 g | 15 g | geriebener Parmesan |

**1.** Die Weizenkörner abspülen und etwa 12 Stunden in Wasser einweichen. Anschließend abtropfen lassen.
**2.** Die Möhren und den Porree zusammen mit den Zwiebeln in kleine Würfel schneiden. Die Majoranblättchen hacken.
**3.** Die Brühe in einem Topf erhitzen, den Weizen hinzufügen und etwa 80 Minuten im geschlossenen Topf garen.
**4.** In der Zwischenzeit die Margarine in einer Pfanne erhitzen und die Möhren-, die Porree- und die Zwiebelwürfel darin anbraten. Kurz bevor der Weizen gar ist, das Gemüse dazugeben und kurz mitgaren.
**5.** Das Gericht mit Pfeffer und Salz würzen und zuletzt den gehackten Majoran darunterziehen. Den Parmesan darüberstreuen.

ca. 275 kcal • 7 g F •
10 g E • 41 g KH • 3 BE

## Ratatouille

Zubereitungszeit:
ca. 30 Min.

Für 1 und 3 Personen

| 60 g | 180 g | Aubergine |
| 60 g | 180 g | Zucchini |
| 20 g | 60 g | Zwiebeln |
| 5 g | 15 g | Diätmargarine |

Salz
gemahlener Pfeffer

50 g  150 g  Tomaten
frisches, gehacktes
Basilikum

**1.** Die Aubergine und die Zucchini in Scheiben schneiden. Die Zwiebeln in Ringe schneiden.
**2.** Die Margarine in einem Topf erhitzen und die Zwiebelringe darin glasig anbraten. Die Auberginen- und Zucchinischeiben dazugeben und mit Salz und Pfeffer würzen.
**3.** Etwa 50 bzw. 150 Milliliter Wasser angießen und das Gemüse etwa 15 Minuten garen.
**4.** Die Tomaten kurz mit kochendem Wasser überbrühen, die Haut abziehen und das Fruchtfleisch grob würfeln, dann vorsichtig mit dem Gemüse mischen. Die Ratatouille nochmals kurz aufkochen lassen und nach Belieben abschmecken. Das Basilikum darüberstreuen.

ca. 75 kcal • 5 g F • 2 g E • 6 g KH • 0 BE

## Blattspinat

Zubereitungszeit:
ca. 15 Min.

Für 1 und 3 Personen

Salz

200 g  600 g  frischer Spinat
5 g  15 g  durchwachsener Speck
5 g  15 g  Zwiebel
¼  ¾  Knoblauchzehe
geriebene Muskatnuß

**1.** 300 bzw. 900 Milliliter leicht gesalzenes Wasser zum Kochen bringen. Den Spinat in dem Salzwasser einige Minuten blanchieren, herausnehmen und abtropfen lassen.
**2.** Den Speck und die Zwiebel würfeln. Die Speckwürfel in einem Topf auslassen und die Zwiebelwürfel und nach Belieben eine zerdrückte Knoblauchzehe darin anrösten.
**3.** Den Spinat dazugeben und im geschlossenen Topf erhitzen. Zuletzt mit Salz und Muskatnuß abschmecken.

ca. 65 kcal • 4 g F • 6 g E • 1 g KH • 0 BE

**Gemüse und Salate**

## Kopfsalat in Joghurtdressing

Zubereitungszeit: ca. 15 Min.

Für 1 und 3 Personen

40 g  120 g  Kopfsalat
20 g  60 g  Magerjoghurt
Essig
Salz
gemahlener Pfeffer
gemischte gehackte Kräuter (Dill, Kerbel, Petersilie, Schnittlauch)

**1.** Den Kopfsalat zerpflükken. Die Blätter gut abtropfen lassen.
**2.** Den Joghurt mit Essig, Salz, Pfeffer und den Kräutern zu einer Soße verrühren.
**3.** Den Kopfsalat erst kurz vor dem Servieren unter die Soße heben.

ca. 10 kcal • 0 g F • 1 g E • 1 g KH • 0 BE

### Variationen
Für 1 bzw. 3 Personen 170 g bzw. 500 g Salatgurken in Scheiben und 15 g bzw. 45 g Zwiebeln und 10 g bzw. 30 g rote Paprikaschote in Würfel schneiden. Alle Zutaten mit dem Joghurtdressing (siehe oben) mischen.

ca. 35 kcal • 0 g F • 2 g E • 6 g KH • 0 BE

Oder 100 g bzw. 300 g Chicorée in Streifen schneiden und das Dressing mit Zitronensaft, Salz, Pfeffer und Petersilie abschmecken.

ca. 20 kcal • 0 g F • 2 g E • 3 g KH • 0 BE

## Kopfsalat mit Gurken in Kräuterdressing

Zubereitungszeit: ca. 20 Min.

Für 1 und 3 Personen

100 g  300 g  Salatgurke
5 g  15 g  Zwiebel
30 g  90 g  Kefir
Salz, gemahlener Pfeffer
Essig
gehackte gemischte Kräuter (Borretsch, Dill, Petersilie, Pimpernelle, Schnittlauch, Melisse)
30 g  90 g  Kopfsalat

**1.** Die Gurke in Scheiben schneiden. Die Zwiebel sehr fein würfeln.
**2.** Aus dem Kefir, den Zwiebelwürfeln, Salz, Pfeffer, Essig und den Kräutern eine Soße rühren und die Gurkenscheiben darin wenden. Den Salat einige Minuten durchziehen lassen.
**3.** Den Kopfsalat zerpflükken, waschen und die Blätter gut abtropfen lassen. Kurz vor dem Servieren die Salatblätter unter den Gurkensalat heben.

ca. 40 kcal • 1 g F • 2 g E • 4 g KH • 0 BE

### Variation
Bereiten Sie einen Salat aus 50 g bzw. 150 g Tomaten, der gleichen Menge Salatgurke, 20 g bzw. 60 g Kopfsalat und einer Marinade aus 5 g bzw. 15 g Öl, Wasser, Essig, 5 g bzw. 15 g Zwiebelwürfeln, Salz, Pfeffer, Süßstoff und Kräutern zu.

ca. 65 kcal • 5 g F • 1 g E • 3 g KH • 0 BE

## Salat „Astor"

Zubereitungszeit:
ca. 20 Min.

Für 1 und 3 Personen

| 10 g | 30 g | eingelegte rote Paprikaschoten |
| 20 g | 60 g | Gewürzgurken |
| 20 g | 60 g | Kopfsalat |
| 20 g | 60 g | saure Sahne |
| | | Salz |
| | | gemahlener Pfeffer |
| | | Essig |
| 1 TL | 3 TL | Schnittlauch, in Röllchen |
| | | gehackter Dill |

1. Die Paprikaschoten in Streifen schneiden und die Gewürzgurken fein hacken. Den Kopfsalat putzen, waschen und abtropfen lassen. Die Blätter auf 1 bzw. 3 Tellern anrichten.
2. Die Sahne mit Salz, Pfeffer, Essig und den Schnittlauchrollchen zu einer Soße verrühren.
3. Die Paprikastreifen und die Gewürzgurken mit der Soße mischen und diese über den Kopfsalat geben.

ca. 45 kcal • 4 g F • 1 g E • 2 g KH • 0 BE

**Tip**
Für einen Radieschensalat benötigen Sie für 1 bzw. 3 Personen 70 g bzw. 200 g Radieschenscheiben, 5 g bzw. 15 g gehackte Zwiebel und für die Marinade ½ TL bzw. 10 g Öl, Essig, Salz, Pfeffer und Schnittlauchröllchen.

ca. 40 kcal • 3 g F • 3 g E • 2 g KH • 0 BE

## Feldsalat

Zubereitungszeit:
ca. 15 Min.

Für 1 und 3 Personen

| 5 g | 15 g | rote Zwiebel |
| 40 g | 120 g | Feldsalat |
| 10 g | 30 g | saure Sahne |
| 10 g | 30 g | Magerjoghurt |
| | | Essig |
| | | Salz |
| | | gemahlener Pfeffer |
| | | flüssiger Süßstoff |

1. Die Zwiebel fein hakken. Den Feldsalat gut abtropfen lassen. Die Salatblättchen auf 1 bzw. 3 Tellern anrichten.
2. Aus der Sahne, dem Joghurt, der Zwiebel, Essig, Salz und Pfeffer eine Soße rühren und diese nach Belieben mit Süßstoff abschmecken.
3. Die Soße erst kurz vor dem Servieren über den Feldsalat geben.

ca. 30 kcal • 2 g F • 2 g E • 1 g KH • 0 BE

**Tip**
Bereiten Sie für 1 bzw. 3 Personen aus 80 g bzw. 250 g geraspeltem Rettich, 40 g bzw. 120 g geraspeltem Apfel und einer Marinade aus 20 g bzw. 60 g Kefir, Salz, Zitronensaft und flüssigem Süßstoff eine köstliche Rohkost zu.

ca. 35 kcal • 1 g F • 2 g E • 6 g KH • ½ BE

## Eisbergsalat in Käsedressing

Zubereitungszeit:
ca. 15 Min.

Für 1 und 3 Personen

| | | |
|---|---|---|
| 50 g | 150 g | Eisbergsalat |
| 20 g | 60 g | Hüttenkäse |
| 10 g | 30 g | saure Sahne |

Salz
gemahlener Pfeffer
Essig
Paprikapulver
gehackte Petersilie
Schnittlauch, in Röllchen

**1.** Den Eisbergsalat waschen, gut abtropfen lassen und den Salat in etwa ½ Zentimeter breite Streifen schneiden.

**2.** Aus dem Hüttenkäse, der Sahne, Salz, Pfeffer, Essig, Paprikapulver, Petersilie und Schnittlauch eine Soße rühren. Diese über den Salat geben und unterheben.

ca. 45 kcal • 3 g F • 3 g E • 2 g KH • 0 BE

## Chicoréesalat mit Orangen

Zubereitungszeit:
ca. 15 Min.

Für 1 und 3 Personen

| | | |
|---|---|---|
| 80 g | 250 g | Chicorée |
| 70 g | 210 g | Orangen mit Schale |
| 20 g | 60 g | Magerjoghurt |

etwas Zitronensaft
Salz

**1.** Den Chicorée putzen und die bitteren Strünke keilförmig herausschneiden. Die Blätter waschen, abtropfen lassen und in etwa ½ Zentimeter breite Streifen schneiden.

**2.** Die Orangen schälen und die weiße Haut mit abschneiden. Jeweils an den Zwischenhäuten einschneiden und die Filets herauslösen.

**3.** Den Joghurt mit etwa 15 bzw. 45 Millilitern Wasser, dem Zitronensaft und Salz zu einer Soße verrühren und über die Chicoréestreifen und Orangenfilets gießen.

ca. 45 kcal • 0 g F • 3 g E • 8 g KH • ½ BE

### Tip
Den Salat nach Belieben mit feinen Schalenstreifen von einer unbehandelten Orange bestreuen.

## Bunter Bohnensalat

Einweichzeit: ca. 12 Std.
Zubereitungszeit
(ohne Zeit zum
Durchziehen): ca. 1 ¼ Std.

**Für 1 und 3 Personen**

| | | |
|---|---|---|
| 50 g | 150 g | getrocknete weiße Bohnen |
| 25 g | 75 g | getrocknete rote Kidneybohnen |
| 100 g | 300 g | Fleischtomaten |
| 20 g | 60 g | Knollensellerie |
| 10 g | 30 g | Zwiebel |
| 5 ml | 15 ml | Sonnenblumenöl |

etwas Rotweinessig
gemahlener Pfeffer
Salz
Schnittlauch, in Röllchen

**1.** Die Bohnen, rote und weiße getrennt, etwa 12 Stunden in kaltem Wasser einweichen.
**2.** Die eingeweichten Bohnen abgießen und in getrennten Töpfen in kaltem Wasser ansetzen. Das Ganze zum Kochen bringen und die Bohnen etwa 1 Stunde garen.
**3.** In der Zwischenzeit die Tomaten vierteln und das Fruchtfleisch in kleine Würfel schneiden. Den Sellerie fein würfeln. Die Zwiebel in Ringe schneiden.
**4.** Die Bohnen abgießen und abkühlen lassen. Die Bohnen, die Tomatenwürfel, die Selleriewürfel und die Zwiebelringe mischen. Aus dem Öl, Essig, Pfeffer und Salz eine Soße rühren und diese unter die Salatzutaten ziehen.
**5.** Den Salat einige Stunden durchziehen lassen, nochmals abschmecken und zuletzt die Schnittlauchröllchen darüberstreuen.

ca. 295 kcal • 7 g F •
17 g E • 40 g KH • 3 BE

**Gemüse und Salate**

## Bunter Blumenkohlsalat

Zubereitungszeit: ca. 45 Min.

Für 1 und 3 Personen

| 10 g | 30 g | Möhre |
|---|---|---|
| | | Salz |
| 10 g | 30 g | Erbsen aus der Dose |
| ¼ | ¾ | unbehandelte Zitrone |
| 100 g | 300 g | Blumenkohlröschen |
| 30 g | 90 g | Magerjoghurt |
| | | Essig |
| | | gemahlener Pfeffer |
| ¼ | ¾ | Knoblauchzehe |
| | | gehackte Petersilie |
| | | gehackter Dill |
| | | Schnittlauch, in Röllchen |

**1.** Die Möhre in etwa 75 bzw. 225 Millilitern leicht gesalzenem Wasser garen. Die Möhre anschließend abkühlen lassen und in feine Würfel schneiden. Die Erbsen abtropfen lassen.
**2.** Die Zitrone in Scheiben schneiden. Die Blumenkohlröschen mit den Zitronenscheiben und etwa 125 bzw. 375 Millilitern leicht gesalzenem Wasser in einen Topf geben und den Blumenkohl dünsten. Die Röschen herausheben, abtropfen und abkühlen lassen.
**3.** Aus dem Joghurt, Essig, Salz, Pfeffer, zerdrücktem Knoblauch und den Kräutern eine Soße rühren. Die Soße mit den Erbsen und den Möhrenwürfeln mischen. Die Blumenkohlröschen auf 1 bzw. 3 Tellern anrichten und die Soße darübergeben.

ca. 45 kcal • 0 g F • 4 g E • 6 g KH • 0 BE

## Bohnen-Tomaten-Salat

Zubereitungszeit (ohne Zeit zum Durchziehen): ca. 15 Min.

Für 1 und 3 Personen

| 80 g | 250 g | Tomaten |
|---|---|---|
| 5 g | 15 g | Zwiebel |
| 75 g | 25 g | Brechbohnen, aus der Dose |
| ½ TL | 1 ½ TL | Sonnenblumenöl |
| | | Essig |
| | | Salz |
| | | gemahlener Pfeffer |
| | | gehackte Petersilie |

**1.** Die Tomaten achteln und die Zwiebel in Streifen schneiden. Die Bohnen abtropfen lassen und alle Zutaten mischen.
**2.** Aus dem Öl, Essig, Salz, Pfeffer und der Petersilie eine Marinade rühren. Diese über das Gemüse geben, unterziehen und den Salat durchziehen lassen.

ca. 60 kcal • 3 g F • 2 g E • 6 g KH • 0 BE

## Linsensalat

Zubereitungszeit (ohne Zeit zum Durchziehen): ca. 45 Min.

Für 1 und 3 Personen

| 50 g | 150 g | Linsen |
|---|---|---|
| 15 g | 45 g | Zwiebeln |
| ¼ | ¾ | Lorbeerblatt |
| 1 | 3 | Nelke(n) |
| | | gerebelter Thymian |
| 20 g | 60 g | Möhre |
| 80 g | 250 g | Champignons aus der Dose |
| 20 g | 60 g | Staudensellerie |
| 5 ml | 15 ml | Olivenöl |
| 10 ml | 30 ml | Zitronensaft |
| 5 g | 15 g | scharfer Senf |
| | | gemahlener Pfeffer |
| | | Salz |
| ¼ | ¾ | Knoblauchzehe |
| | | Schnittlauch, in Röllchen |

**1.** Die Linsen mit der Hälfte der Zwiebel, dem Lorbeerblatt, den Nelken und dem Thymian und etwa 300 bzw. 900 Millilitern Wasser zum Kochen bringen. Die Linsen etwa 35 Minuten garen.
**2.** In der Zwischenzeit die Möhre mit der restlichen Zwiebel in kleine Würfel schneiden.
**3.** Die Champignons abtropfen lassen und zusammen mit dem Sellerie in dünne Scheibchen schneiden. Die Linsen abtropfen und abkühlen lassen.
**4.** Das Öl mit dem Zitronensaft, Senf, Pfeffer, Salz und zerdrücktem Knoblauch zu einer Soße verrühren. Die Linsen mit dem geschnittenen Gemüse und der Soße mischen und den Salat einige Stunden durchziehen lassen.
**5.** Den Salat zuletzt nochmals mit Pfeffer, Salz und Senf abschmecken und die Schnittlauchröllchen darüberstreuen.

ca. 240 kcal • 6 g F • 14 g E • 30 g KH • 2 BE

Gemüse und Salate 49

## Pußtasalat

Zubereitungszeit
(ohne Zeit zum
Durchziehen): ca. 30 Min.

Für 1 und 3 Personen

| | | |
|---|---|---|
| 100 g | 300 g | Weißkohl |
| Salz | | |
| 40 g | 120 g | grüne Paprikaschote |
| 10 g | 30 g | Möhre |
| 10 g | 30 g | Zwiebel |
| 5 ml | 15 ml | Öl |
| Essig | | |
| gemahlener Pfeffer | | |
| gehackte Petersilie | | |

**1.** Den Weißkohl in feine Streifen schneiden. Die Streifen in etwa 150 bzw. 450 Millilitern leicht gesalzenem kochenden Wasser kurz blanchieren.
**2.** Das Wasser abgießen und den Weißkohl abkühlen lassen.
**3.** Die Paprikaschote, die Möhre und die Zwiebel in Streifen schneiden und alles mit dem Weißkohl mischen.
**4.** Das Öl mit Essig, Salz und Pfeffer zu einer Soße verrühren, das Gemüse dazugeben, unterheben und gut durchziehen lassen. Kurz vor dem Servieren die Petersilie über den Salat streuen.

ca. 65 kcal • 3 g F • 2 g E • 6 g KH • 0 BE

## Sauerkrautsalat

Zubereitungszeit:
ca. 15 Min.

Für 1 und 3 Personen

| | | |
|---|---|---|
| 30 g | 90 g | grüne Paprikaschote |
| 30 g | 90 g | Tomaten |
| 30 g | 90 g | Gewürzgurken |
| 5 g | 15 g | Zwiebel |
| 75 g | 225 g | Sauerkraut |
| ½ TL | 10 ml | Öl |
| Salz | | |
| gemahlener Pfeffer | | |
| Essig | | |
| flüssiger Süßstoff | | |
| gehackte Petersilie | | |

**1.** Die Paprikaschote, die Tomaten, die Gewürzgurken und die Zwiebel in Streifen schneiden und das Sauerkraut hacken.
**2.** Das Gemüse mit dem Öl mischen und den Salat mit Salz, Pfeffer, Essig und wenig Süßstoff abschmecken. Zuletzt die Petersilie darüberstreuen.

ca. 55 kcal • 3 g F • 2 g E • 4 g KH • 0 BE

## Englischer Selleriesalat

Zubereitungszeit (ohne Zeit zum Durchziehen): ca. 20 Min.

Für 1 und 3 Personen

| | | |
|---|---|---|
| 100 g | 300 g | Bleichsellerie |
| 20 g | 60 g | Birne |
| 20 g | 60 g | gekochter Schinken |
| 20 g | 60 g | Tomaten ohne Kerne |
| 20 g | 60 g | hart gekochtes Ei |
| | | Essig |
| | | Salz |
| | | gemahlener Pfeffer |
| | | gehackte Petersilie |

**1.** Den Bleichsellerie in etwa 2 Zentimeter große Stücke schneiden.
**2.** Die Birne, den Schinken, die Tomaten und das Ei in feine Streifen schneiden.
**3.** Aus Essig, etwa 15 bzw. 45 Millilitern Wasser, Salz, Pfeffer und Petersilie eine Marinade rühren. Die zerkleinerten Zutaten damit mischen und den Salat gut durchziehen lassen.

ca. 105 kcal • 5 g F • 8 g E • 5 g KH • 0 BE

## Waldorfsalat

Zubereitungszeit: ca. 20 Min.

Für 1 und 3 Personen

| | | |
|---|---|---|
| 1 | 3 | Walnußkerne |
| 80 g | 250 g | Knollensellerie |
| 50 g | 150 g | Apfel |
| | | etwas Zitronensaft |
| 30 g | 90 g | Magerjoghurt |
| 5 g | 15 g | Mayonnaise |
| | | flüssiger Süßstoff |
| | | Salz |

**1.** Die Walnußkerne grob hacken.
**2.** Den Sellerie und den Apfel in sehr feine Scheiben, dann in feinste Streifen schneiden und diese sofort mit Zitronensaft beträufeln, damit sie sich nicht braun verfärben.
**3.** Den Joghurt und die Mayonnaise verrühren. Die Sellerie- und Apfelstreifen mit der Soße mischen und den Salat mit Salz und nach Belieben mit Süßstoff abschmecken. Zuletzt die Walnüsse darüberstreuen.

ca. 125 kcal • 7 g F • 3 g E • 12 g KH • ½ BE

**Gemüse und Salate**

### Frenchdressing

Zubereitungszeit: ca. 5 Min.

Für 1 und 3 Personen

| 10 ml | 30 ml | Sonnenblumenöl |
| 10 ml | 30 ml | Essig |
| 5 g | 15 g | Tomatenmark |
| | | wenig scharfer Senf |
| | | Salz |
| | | gemahlener Pfeffer |
| ¼ | ¾ | Knoblauchzehe |

**1.** Das Öl mit dem Essig und etwa 15 bzw. 45 Millilitern Wasser verrühren.
**2.** Das Tomatenmark und den Senf mit einem Schneebesen unterschlagen und das Dressing mit Salz, Pfeffer und zerdrücktem Knoblauch würzen.

ca. 95 kcal • 10 g F • 0 g E • 0 g KH • 0 BE

**Tip**
Das Frenchdressing paßt gut zu Chicorée, Eisberg- und Kopfsalat.

### Senfmarinade

Zubereitungszeit: ca. 5 Min.

Für 1 und 3 Personen

| 10 g | 30 g | Zwiebel |
| 10 g | 30 g | scharfer Senf |
| | | Essig |
| ½ TL | 10 ml | Öl |
| | | Schnittlauch, in Röllchen |
| | | Salz |
| | | gemahlener Pfeffer |

**1.** Die Zwiebel in feine Würfel schneiden.
**2.** Den Senf mit dem Essig und etwas Wasser verrühren. Das Öl mit einem Schneebesen in die Marinade rühren.
**3.** Die Zwiebelwürfel und den Schnittlauch dazugeben und die Soße mit Salz und Pfeffer würzen.

ca. 30 kcal • 3 g F • 0 g E • 1 g KH • 0 BE

**Tip**
Die Senfmarinade paßt gut zu Chicorée und Radicchiosalat.

## Soße „Mimosa"

Zubereitungszeit:
ca. 10 Min.

Für 1 und 3 Personen

| | | |
|---|---|---|
| 10 g | 30 g | Zwiebel |
| 20 g | 60 g | hart gekochtes Ei |
| 5 ml | 15 ml | Essig |

Salz
gemahlener Pfeffer
gehackte Petersilie
Schnittlauch, in Röllchen

**1.** Die Zwiebel in feine Würfel schneiden und das Ei hacken.
**2.** Den Essig mit etwa 15 bzw. 45 Millilitern Wasser verrühren, das gehackte Ei und die Zwiebelwürfel hineingeben und die Soße mit Salz und Pfeffer würzen. Zuletzt die Kräuter unterziehen.

ca. 35 kcal • 2 g F • 3 g E • 1 g KH • 0 BE

**Tip**
Die Soße „Mimosa" paßt gut zu Eisberg-, Feld- und Kopfsalat.

## Soße rheinische Art

Zubereitungszeit (ohne Zeit zum Abkühlen): ca. 25 Min.

Für 1 und 3 Personen

| | | |
|---|---|---|
| 40 g | 120 g | Kartoffeln |

Salz

| | | |
|---|---|---|
| 10 g | 30 g | Zwiebel |
| ½ TL | 10 ml | Sonnenblumenöl |

Essig
gemahlener Pfeffer
Schnittlauch, in Röllchen

**1.** Die Kartoffeln in leicht gesalzenem Wasser weich kochen. Die Kartoffeln anschließend abkühlen lassen.
**2.** Die Zwiebel in feine Würfel schneiden und die Kartoffeln mit einer Gabel zerdrücken oder durch eine Kartoffelpresse geben.
**3.** Das Öl mit dem Essig verrühren, die Kartoffelmasse und die Zwiebelwürfel dazugeben und alles mischen. Wenn die Soße zu dickflüssig ist, rühren Sie noch etwas Wasser hinein.
**4.** Die Soße mit Salz und Pfeffer würzen und die Schnittlauchröllchen zuletzt unterziehen.

ca. 60 kcal • 3 g F • 1 g E • 7 g KH • ½ BE

**Tip**
Diese Soße paßt gut zu Endivien- und Feldsalat.

**Gemüse und Salate**

# KARTOFFELN, GETREIDE UND TEIGWAREN

Kartoffeln, Reis und andere Getreidesorten sowie Teigwaren gehören zu den wichtigsten Grundnahrungsmitteln, und sie sind unverzichtbare und erwünschte Kohlenhydrat- und Ballaststofflieferanten. Ihr typischer Geschmack harmoniert gut mit dem anderer Zutaten. Auch Getreidearten, wie Hirse, Grünkern und Weizen, sind heute wieder in vielen Geschäften erhältlich.
Anregungen zur Zubereitung dieser zwar altbekannten, für die Küche aber jetzt neu entdeckten Lebensmittel finden Sie in den folgenden Rezepten. Überraschen Sie sich und Ihre Familie doch einmal mit Grünkernbratlingen.

## Kümmelkartoffeln

Zubereitungszeit:
ca. 10 Min.
Vorheizen des Backofens
auf 220°C
Garzeit im Ofen:
ca. 30 Min.

Für 1 und 3 Personen

| ¼ TL | ¾ TL | Olivenöl |
|---|---|---|
| | | für das Blech |
| 160 g | 480 g | kleine |
| | | Kartoffeln |
| | | Salz |
| | | Kümmel |
| ½ TL | 10 g | Olivenöl |

**1.** Ein Backblech dünn mit dem Öl einfetten. Die ungeschälten Kartoffeln gründlich abbürsten.
**2.** Die Kartoffeln der Länge nach halbieren, die Schnittflächen leicht salzen und mit Kümmel bestreuen. Die Kartoffelhälften mit den Schnittflächen auf das Backblech legen und mit dem Öl bestreichen.
**3.** Das Blech in den Ofen schieben und die Kartoffeln etwa 30 Minuten goldbraun braten.

ca. 145 kcal • 3 g F • 4 g E • 26 g KH • 2 BE

## Tomatenkartoffeln

Zubereitungszeit:
ca. 20 Min.

Für 1 und 3 Personen

| 160 g | 480 g | Kartoffeln |
|---|---|---|
| 5 g | 15 g | Zwiebel |
| 5 g | 15 g | gekochter Schinken |
| 10 g | 30 g | Tomate |
| | | Salz |
| ¼ | ¾ | Knoblauchzehe |
| | | gerebelter Oregano |
| | | gehackte Petersilie |

**1.** Die Kartoffeln in etwa 2 Zentimeter große Würfel schneiden und diese in leicht gesalzenem Wasser garen.
**2.** In der Zwischenzeit die Zwiebel und den Schinken in feine Würfel schneiden, mit etwa 15 bzw. 45 Millilitern Wasser in einen Topf geben und kurz dünsten.
**3.** Die Tomate kurz mit kochendem Wasser überbrühen, die Haut abziehen und das Fruchtfleisch fein würfeln.
**4.** Die Tomatenwürfel mit den Zwiebel- und Schinkenwürfeln und den Kartoffeln in einen Topf geben, vorsichtig mischen und erwärmen. Das Ganze mit Salz, zerdrücktem Knoblauch, Oregano und Petersilie abschmecken.

ca. 130 kcal • 2 g F • 4 g E • 25 g KH • 2 BE

## Bouillonkartoffeln

Zubereitungszeit:
ca. 30 Min.

Für 1 und 3 Personen

| 10 g | 30 g | Möhre |
| 10 g | 30 g | Porree |
| 160 g | 480 g | Kartoffeln |
| 150 ml | 450 ml | entfettete Fleischbrühe |

Salz
gemahlener Pfeffer
gehackte Petersilie

**1.** Die Möhre und den Porree in feine Streifen schneiden. Die Kartoffeln in etwa 2 Zentimeter große Würfel schneiden.
**2.** Die Fleischbrühe in einen Topf geben, mit Salz und Pfeffer kräftig würzen und zum Kochen bringen.
**3.** Die Gemüsestreifen und die Kartoffelwürfel hineingeben und alles im geschlossenen Topf etwa 20 Minuten garen. Zuletzt die Petersilie darüberstreuen.

ca. 125 kcal • 1 g F • 4 g E • 26 g KH • 2 BE

## Lyoner Kartoffeln

Zubereitungszeit:
ca. 10 Min.
Vorheizen des Backofens
auf 200° C
Garzeit im Ofen:
ca. 20 Min.

Für 1 und 3 Personen

| 160 g | 480 g | Kartoffeln |
| ½ TL | 10 g | Diätmargarine |

Salz
gemahlener Pfeffer

| 20 g | 60 g | Zwiebeln |

gehackte Petersilie

**1.** Die rohen Kartoffeln in dünne Scheiben schneiden, waschen und mit Küchenkrepp abtupfen.
**2.** Die Margarine in einer Pfanne erhitzen, die Kartoffelscheiben darin goldgelb anbraten und mit Salz und Pfeffer würzen.
**3.** Die Kartoffelscheiben in eine feuerfeste Form legen, diese auf die mittlere Schiene in den Ofen stellen und die Kartoffeln etwa 20 Minuten garen.
**4.** Die Zwiebeln in feine Ringe schneiden und nach 10 Minuten Garzeit zu den Kartoffeln geben.
**5.** Etwa 50 bzw. 150 Milliliter kochendes Wasser in die Form gießen und die Lyoner Kartoffeln fertig garen. Zuletzt die Petersilie darüberstreuen.

ca. 140 kcal • 4 g F • 3 g E • 26 g KH • 2 BE

## Herzoginkartoffeln

Zubereitungszeit:
ca. 30 Min.
Vorheizen des Backofens
auf 200°C
Backzeit: ca. 10 Min.

Für 1 und 3 Personen

einige Stengel Petersilie
160 g  480 g  Kartoffeln
Salz
10 ml  30 ml  fettarme Milch
geriebene Muskatnuß
wenig Diätmargarine

**1.** Die Petersilie sehr fein hacken, damit sie nicht im Spritzbeutel hängenbleibt.
**2.** Die Kartoffeln in etwa 150 bzw. 450 Millilitern leicht gesalzenem Wasser garen. Anschließend abgießen und durch eine Kartoffelpresse drücken.
**3.** Das Kartoffelpüree mit der Milch glattrühren, mit Salz, Muskatnuß und der Petersilie würzen. In einen Spritzbeutel füllen.
**4.** Ein Backblech mit der Margarine leicht einfetten und die Kartoffelmasse in großen Tupfen daraufspritzen. Das Blech in den Ofen stellen und die Tupfen goldgelb überbacken.

ca. 115 kcal • 0 g F • 4 g E • 25 g KH • 2 BE

### Variation
Bereiten Sie Püree aus der gleichen Menge Kartoffeln zu. Rühren Sie dafür 20 ml bzw. 60 ml fettarme Milch und 15 g bzw. 45 g Kochwasser sowie 5 g bzw. 15 g Diätmargarine unter die Kartoffelmasse.

ca. 160 kcal • 5 g F • 4 g E • 26 g KH • 2 BE

## Berner Rösti

Zubereitungszeit (ohne Zeit zum Abkühlen): ca. 40 Min.

Für 1 und 3 Personen

160 g  480 g  Kartoffeln
Salz
gemahlener Pfeffer
gehackte Petersilie
5 g  15 g  Lachsschinken
10 g  30 g  Zwiebel
5 g  15 g  Diätmargarine

**1.** Die Kartoffeln als Pellkartoffeln garen. Die Kartoffeln anschließend pellen, abkühlen lassen und grob raspeln. Mit Salz, Pfeffer und der gehackten Petersilie würzen.
**2.** Den Schinken und die Zwiebel in feine Würfel schneiden. Die Margarine in einer Pfanne erhitzen und die Zwiebel- und Schinkenwürfel darin kurz anbraten.
**3.** Die Kartoffelraspeln in die Pfanne geben, alles mischen und die Masse leicht an den Pfannenboden drücken.
**4.** Das Rösti goldgelb braten. Wenn eine geschlossene Kruste entstanden ist, das Rösti wenden und auf der anderen Seite ebenfalls goldgelb braten.

ca. 170 kcal • 6 g F • 4 g E • 25 g KH • 2 BE

### Variation
Aus der selben Menge Pellkartoffeln, 5 g bzw. 15 g Zwiebelwürfeln und 5 g bzw. 15 g Margarine können Sie Röstkartoffeln braten.

ca. 150 kcal • 4 g F • 3 g E • 25 g KH • 2 BE

## Kartoffelplätzchen

Zubereitungszeit:
ca. 40 Min.

Für 1 und 3 Personen

160 g  480 g  Kartoffeln
Salz
10 g  30 g  Zwiebel
geriebene Muskatnuß
gehackte Petersilie
Schnittlauch, in Röllchen
5 g  15 g  Diätmargarine

**1.** Die Kartoffeln in leicht gesalzenem Wasser garen. Die Kartoffeln anschließend durch eine Kartoffelpresse drücken.
**2.** Die Zwiebel fein hacken, in wenig Wasser kurz dünsten, herausnehmen und in das Kartoffelpüree rühren.
**3.** Das Püree mit Salz, Muskatnuß, gehackter Petersilie und Schnittlauchröllchen würzen.
**4.** Aus der Kartoffelmasse 2 bzw. 6 kleine Plätzchen formen. Die Margarine in einer Pfanne erhitzen und die Plätzchen darin goldbraun braten.

ca. 150 kcal • 4 g F • 3 g E • 25 g KH • 2 BE

## Kartoffelklöße

Zubereitungszeit:
ca. 50 Min.

Für 1 und 3 Personen

140 g  420 g  Kartoffeln
Salz
20 g  60 g  Ei
5 g  15 g  Stärkemehl
gemahlener Pfeffer
geriebene Muskatnuß

**1.** Die Kartoffeln in leicht gesalzenem Wasser garen. Das Wasser abgießen und die Kartoffeln im offenen Topf kurz auf der Herdplatte abdampfen lassen.
**2.** Die Kartoffeln durch eine Kartoffelpresse drücken, mit dem Ei und dem Stärkemehl verrühren und mit Salz, Pfeffer und Muskatnuß würzen.
**3.** Aus der Kartoffelmasse 2 bzw. 6 kleine Klöße formen und diese in etwa 300 bzw. 900 Millilitern leicht gesalzenem Wasser etwa 20 Minuten knapp unter dem Siedepunkt ziehen lassen. Die Klöße sind gar, wenn sie an der Oberfläche schwimmen.

ca. 150 kcal • 2 g F • 6 g E • 26 g KH • 2 BE

Kartoffeln, Getreide und Teigwaren 59

## Spaghetti mit Basilikum

Zubereitungszeit: ca. 20 Min.

Für 1 und 3 Personen

| | | |
|---|---|---|
| | | Salz |
| 60 g | 180 g | Spaghetti |
| 5 g | 15 g | Pinienkerne |
| | | frisches Basilikum |
| ½ | 1 ½ | Knoblauchzehe(n) |
| 5 ml | 15 ml | Olivenöl |

1. Etwa 300 bzw. 900 Milliliter leicht gesalzenes Wasser aufkochen lassen, die Spaghetti hineingeben und bißfest garen. Die Spaghetti abgießen und abtropfen lassen.
2. Die Pinienkerne ohne Fettzugabe in einer Pfanne goldgelb rösten. Die Basilikumblättchen fein schneiden und den Knoblauch fein würfeln.
3. Das Öl in einer Pfanne erhitzen und den Knoblauch darin kurz anbraten.
4. Die Spaghetti im Knoblauch schwenken und mit Pfeffer und Salz würzen. Zuletzt das Basilikum und die Pinienkerne darüberziehen.

ca. 290 kcal • 9 g F • 9 g E • 41 g KH • 3 BE

## Tomatennudeln

Zubereitungszeit: ca. 20 Min.

Für 1 und 3 Personen

| | | |
|---|---|---|
| | | Salz |
| 60 g | 180 g | Bandnudeln |
| 100 g | 300 g | Fleischtomaten |
| 5 g | 15 g | Zwiebel |
| 5 g | 15 g | Olivenöl |
| | | gemahlener Pfeffer |
| | | gehackte Petersilie |

1. Etwa 300 bzw. 900 Milliliter leicht gesalzenes Wasser aufkochen lassen, die Nudeln hineingeben und bißfest kochen. Die Nudeln abgießen und abtropfen lassen.
2. Die Tomaten kurz mit kochendem Wasser überbrühen, die Haut abziehen und das Fruchtfleisch fein würfeln. Die Zwiebel ebenfalls fein würfeln.
3. Das Öl in einer Pfanne erhitzen und die Zwiebelwürfel darin glasig braten. Die Tomatenwürfel und die Nudeln dazugeben, zusammen erhitzen und mit Pfeffer und Salz abschmecken. Zuletzt die Petersilie darüberstreuen.

ca. 275 kcal • 7 g F • 9 g E • 43 g KH • 3 BE

## Kräuterreis

Zubereitungszeit:
ca. 45 Min.

**Für 1 und 3 Personen**

45 g  135 g  (Vollkorn-)
Reis
Salz
frische Kräuter
(Estragon, Kerbel,
Petersilie, Pimpernelle,
Schnittlauch)
5 g  15 g  Diätmargarine

**1.** Den Reis in leicht gesalzenem Wasser etwa 20 Minuten garen. Die Kräuter hacken bzw. fein schneiden. Den Reis auf ein Sieb gießen und abtropfen lassen.

**2.** Die Margarine in dem Topf erhitzen und den Reis darin schwenken. Die gehackten Kräuter unter den Reis mischen und diesen mit Salz nachschmecken.

ca. 195 kcal • 5 g F • 3 g E • 35 g KH • 3 BE

### Variation

Statt mit frischen Kräutern können Sie den Reis auch mit Currypulver abschmecken.

## Spaghetti mit Oliven und Kapern

Zubereitungszeit:
ca. 20 Min.

**Für 1 und 3 Personen**

Salz
60 g  180 g  dünne
Spaghetti
5 g  15 g  entsteinte
Oliven
3 g  12 g  Kapern
½ TL  1 ½ TL  Olivenöl
Paprikapulver
gemahlener Pfeffer
¼  ¾  Knoblauchzehe

**1.** Etwa 300 bzw. 900 Milliliter leicht gesalzenes Wasser aufkochen lassen, die Spaghetti hineingeben und kochen. Die Spaghetti abgießen und abtropfen lassen.
**2.** Die Oliven halbieren und in dünne Scheibchen schneiden, die Kapern hacken.
**3.** Das Öl in einer Pfanne erhitzen und die Nudeln darin schwenken. Die Oliven und die Kapern dazugeben und das Ganze mit Paprikapulver, Pfeffer, Salz und zerdrücktem Knoblauch abschmecken.

ca. 245 kcal • 5 g F • 8 g E • 40 g KH • 3 BE

**Kartoffeln, Getreide und Teigwaren**

62  **Kartoffeln, Getreide und Teigwaren**

## Grießnocken

Zubereitungszeit:
ca. 25 Min.
Zeit zum Quellen:
ca. 1 Std.

Für 1 und 3 Personen

| 10 g | 30 g | Diätmargarine |
| 50 g | 150 g | Hartweizengrieß |
| 30 g | 90 g | Ei |
| | | geriebene Muskatnuß |
| | | Salz |

**1.** Die Margarine mit dem Grieß und den Eiern zu einer glatten Masse verrühren und diese mit Muskatnuß und Salz würzen. Die Masse etwa 1 Stunde quellen lassen.
**2.** Etwa 1 bzw. 1½ Liter leicht gesalzenes Wasser zum Kochen bringen. Von der Grießmasse mit 2 Teelöffeln kleine Klößchen abstechen und diese zu länglichen Nocken formen.
**3.** Die Nocken in das leicht siedende Salzwasser geben. Wenn die Nocken an die Oberfläche steigen, im geschlossenen Topf noch etwa 15 Minuten bei geringer Hitzezufuhr ziehen lassen.

ca. 285 kcal • 12 g F • 9 g E • 33 g KH • 3 BE

## Semmelknödel

Zubereitungszeit:
ca. 35 Min.

Für 1 und 3 Personen

| 45 g | 135 g | Brötchen |
| 30 ml | 90 ml | fettarme Milch |
| 30 g | 90 g | Ei |
| | | Salz |
| | | gemahlener Pfeffer |
| | | gehackte Petersilie |

**1.** Die Brötchen möglichst schon am Vortag in dünne Scheiben schneiden und diese austrocknen lassen.
**2.** Die Milch in einem Topf erwärmen. Die Brötchenstücke, die Milch und die Eier zu einem Teig verarbeiten und diesen mit Salz, Pfeffer und Petersilie abschmecken. Anschließend etwa 5 Minuten ausquellen lassen.
**3.** Etwa 300 bzw. 900 Milliliter leicht gesalzenes Wasser zum Kochen bringen. Aus dem Teig 2 bzw. 6 gleich große Knödel formen, diese in das kochende Salzwasser geben und etwa 20 Minuten knapp unter dem Siedepunkt garziehen lassen.

ca. 185 kcal • 5 g F • 9 g E • 25 g KH • 2 BE

**Tip**
Machen Sie zunächst eine Kochprobe, um zu sehen, ob die Knödel beim Kochen ihre Form behalten.

## Risi-Pisi

Zubereitungszeit:
ca. 50 Min.

Für 1 und 3 Personen

| 40 g | 120 g | (Vollkorn-)Reis |
| | | Salz |
| ½ TL | 10 g | Diätmargarine |
| 50 g | 150 g | Erbsen, tiefgekühlt oder aus der Dose |
| | | gemahlener Pfeffer |

**1.** Den Reis in leicht gesalzenem Wasser garen. Den Reis anschließend auf ein Sieb gießen und abtropfen lassen.
**2.** Die Margarine in dem Topf erhitzen und den Reis und die Erbsen darin so lange schwenken, bis die Erbsen warm bzw. aufgetaut sind. Das Ganze mit Salz und Pfeffer abschmecken.

ca. 200 kcal • 3 g F • 6 g E • 37 g KH • 3 BE

## Risotto

Zubereitungszeit:
ca. 35 Min.

Für 1 und 3 Personen

| 5 g | 15 g | Zwiebel |
| 5 g | 15 g | Diätmargarine |
| 100 ml | 300 ml | entfettete Fleischbrühe |
| ¼ | ¾ | Lorbeerblatt |
| | | Salz |
| | | gemahlener Pfeffer |
| 45 g | 135 g | Rundkornreis |

**1.** Die Zwiebel fein würfeln. Die Margarine in einem Topf erhitzen und die Zwiebelwürfel darin glasig braten.
**2.** Die Fleischbrühe angießen, das Lorbeerblatt hinzufügen und mit Salz und Pfeffer würzen.
**3.** Den Reis dazugeben, umrühren und im geschlossenen Topf 20 bis 25 Minuten ausquellen lassen.

ca. 200 kcal • 5 g F • 3 g E • 36 g KH • 3 BE

# FLEISCH UND FISCH

Es genügen schon kleine Portionen von Fleisch und Fisch, um sich gesund zu ernähren. Mageres Fleisch und mageren Fisch sollten Sie stets bevorzugen. Die Rezepte geben viele attraktive Beispiele für schmackhafte Zubereitungen.

## Kalbsschnitzel „Saltimbocca"

Zubereitungszeit: ca. 15 Min.

Für 1 und 3 Personen

| 120 g | 360 g | Kalbsschnitzel |
| Salz | | |
| gemahlener Pfeffer | | |
| Paprikapulver | | |
| ¼ | ¾ | Knoblauchzehe nach Belieben |
| 1 | 3 | Salbeiblätter |
| 20 g | 60 g | milder roher Schinken (Parmaschinken) |
| ½ TL | 10 g | Diätmargarine |

**1.** Die Schnitzel flach klopfen und mit Salz, Pfeffer, Paprikapulver und evtl. zerdrücktem Knoblauch einreiben.
**2.** Zunächst je ein Salbeiblatt und dann je eine Scheibe Schinken auf die Schnitzel legen und diese mit Holzstäbchen feststecken.
**3.** Die Margarine in einer Pfanne erhitzen und die Saltimbocca rasch von beiden Seiten braten.

ca. 230 kcal • 11 g F • 28 g E • 0 g KH • 0 BE

## Cordon bleu

Zubereitungszeit: ca. 15 Min.

Für 1 und 3 Personen

| 110 g | 330 g | Kalbsschnitzel (1 bzw. 3 Schnitzel) |
| 5 g | 15 g | gekochter Schinken |
| 5 g | 15 g | Schweizer Käse 45% F. i. Tr. |
| Salz | | |
| gemahlener Pfeffer | | |
| Paprikapulver | | |
| ½ TL | 10 g | Diätmargarine |

**1.** In das Schnitzel von einer Seite aus eine Tasche einschneiden.
**2.** Den Schinken und den Käse würfeln und die Schnitzel damit füllen.
**3.** Das Fleisch mit einem Holzstäbchen zusammenstecken und mit Salz, Pfeffer und Paprikapulver würzen.
**4.** Die Margarine in einer Pfanne erhitzen und die Schnitzel darin von beiden Seiten anbraten. Den Bratensatz eventuell mit etwa 50 bzw. 150 Millilitern Wasser ablöschen und mit Salz und Pfeffer abschmecken.

ca. 170 kcal • 6 g F • 25 g E • 0 g KH • 0 BE

## Kalbsschnitzel „Königin"

Zubereitungszeit:
ca. 30 Min.
Vorheizen des Grills

Für 1 und 3 Personen

| | | |
|---|---|---|
| 120 g | 360 g | Kalbsschnitzel |
| | | Salz |
| | | gemahlener Pfeffer |
| 20 g | 60 g | Champignons, aus der Dose |
| ½ TL | 10 g | Diätmargarine |
| 50 ml | 150 ml | entfettete Fleischbrühe |
| ½ | 1 ½ | Meßlöffel pflanzliches Bindemittel |
| 5 ml | 15 ml | Weißwein |
| 5 ml | 15 ml | Zitronensaft |
| ½ TL | 10 g | Parmesan |

**1.** Die Schnitzel mit Salz und Pfeffer würzen und unter dem Grill des Backofens von beiden Seiten bräunen.
**2.** In der Zwischenzeit die Champignons abtropfen lassen und würfeln. Die Margarine in einem Topf erhitzen und die Pilzwürfel darin kurz dünsten.
**3.** Die Fleischbrühe mit dem Bindemittel verrühren und mit dem Weißwein, Salz, Pfeffer und dem Zitronensaft abschmecken.
**4.** Die Soße unter die Champignons rühren. Die Schnitzel in eine feuerfeste Form legen und die Masse auf die gegrillten Schnitzel häufen. Den Parmesan darüberstreuen und alles goldgelb überbacken.

ca. 175 kcal • 6 g F •
27 g E • 1 g KH • 0 BE

## Kalbsschnitzel Jäger Art

Zubereitungszeit:
ca. 15 Min.

Für 1 und 3 Personen

| | | |
|---|---|---|
| 120 g | 360 g | Kalbsschnitzel |
| | | gemahlener Pfeffer |
| ½ TL | 10 g | Diätmargarine |
| 30 g | 90 g | Pfifferlinge, aus der Dose |
| 5 g | 15 g | Zwiebel |
| 4 g | 12 g | feingewürfelter Speck |
| | | gehackte Petersilie |

**1.** Die Schnitzel flach klopfen und mit Salz und Pfeffer würzen. Die Margarine in einer Pfanne erhitzen und das Fleisch darin von beiden Seiten kurz braten.
**2.** Die Pfifferlinge abtropfen lassen. Die Zwiebel fein würfeln.
**3.** Die Speckwürfel in einem Topf auslassen, die Zwiebelwürfel dazugeben und glasig braten.
**4.** Die Pfifferlinge kurz darin erwärmen und mit Salz und Pfeffer würzen. Die Pilze über die Schnitzel verteilen und die Petersilie zuletzt darüberstreuen.

ca. 195 kcal • 8 g F •
26 g E • 2 g KH • 0 BE

## Kalbscurry

Zubereitungszeit:
ca. 30 Min.

Für 1 und 3 Personen

| 120 g | 360 g | Kalbfleisch |
| ½ TL | 10 g | Diätmargarine |
| 10 g | 30 g | Zwiebel |

Salz
gemahlener Pfeffer
Currypulver
Ingwerpulver

| 1 | 3 | Walnußkerne |
| 5 g | 15 g | Sahne 28 % F. |
| ½ | 1½ | Meßlöffel |

pflanzliches Bindemittel

1. Das Fleisch in etwa 2 Zentimeter große Würfel schneiden. Die Margarine in einem Topf erhitzen und die Fleischwürfel darin anbraten.
2. Die Zwiebel hacken, dazugeben und kurz mitrösten. Das Fleisch mit Salz, Pfeffer, Curry- und Ingwerpulver würzen, etwa 50 bzw. 150 Milliliter Wasser angießen und das Ganze im geschlossenen Topf etwa 20 Minuten garen.
3. Die Walnußkerne hacken und mit der Sahne in die Soße geben. Das Bindemittel hineinrühren und die Soße nach Packungsanweisung binden. Das Gericht nach Belieben nochmals abschmecken.

ca. 190 kcal • 8 g F • 25 g E • 1 g KH • 0 BE

## Kalbsfrikassee mit Champignons

Zubereitungszeit:
ca. 30 Min.

Für 1 und 3 Personen

| 120 g | 360 g | Kalbfleisch |

Salz

| ½ | 1½ | Lorbeerblätter |
| 1 | 3 | Nelken |

1 Prise gemahlenes Piment

| ¼ | ¾ | Zweig Liebstöckel |
| ½ TL | 10 g | Kondensmilch 7,5 % F. |
| 1 | 3 | Meßlöffel |

pflanzliches Bindemittel

| 50 g | 150 g | Champignons, aus der Dose |

1. Das Fleisch in 2 bis 3 Zentimeter große Würfel schneiden. Etwa 225 bzw. 675 Milliliter Wasser mit Salz, den Lorbeerblättern, den Nelken, etwas Piment und Liebstöckel aufkochen und die Fleischwürfel darin etwa 20 Minuten garen.
2. Die Brühe durch ein Sieb abgießen und auffangen. Eine halbe Tasse Brühe mit der Kondensmilch in einen Topf geben, das Bindemittel hineinrühren und die Flüssigkeit nach Packungsanweisung binden.
3. Die Champignons je nach Größe evtl. halbieren und mit den Fleischwürfeln in der Soße erhitzen. Das Frikassee vor dem Servieren nochmals abschmecken.

ca. 160 kcal • 4 g F • 26 g E • 2 g KH • 0 BE

## Kalbfleisch „Marengo"

Zubereitungszeit: ca. 30 Min.

Für 1 und 3 Personen

| 120 g | 360 g | Kalbfleisch |
| ½ TL | 10 g | Diätmargarine |
| 5 g | 15 g | Zwiebel |
| | | Salz |
| | | gemahlener Pfeffer |
| | | Paprikapulver |
| | | einige Rosmarinnadeln |
| ¼ | ¾ | Knoblauchzehe |
| 40 g | 120 g | Champignons, aus der Dose |
| 30 g | 90 g | Tomaten |

**1.** Das Fleisch in 2 bis 3 Zentimeter große Würfel schneiden. Die Margarine in einem Topf erhitzen und die Würfel darin von allen Seiten anbraten.
**2.** Die Zwiebel hacken, dazugeben und mit anrösten. Alles mit Salz, Pfeffer, Paprikapulver, Rosmarin und zerdrücktem Knoblauch würzen.
**3.** Den Bratensaft mit etwa 50 bzw. 150 Millilitern Wasser ablöschen und das Fleisch etwa 20 Minuten schmoren.
**4.** In der Zwischenzeit die Champignons je nach Größe halbieren oder vierteln.
**5.** Die Tomaten kurz mit kochendem Wasser überbrühen, die Haut abziehen. Das Fruchtfleisch grob würfeln.
**6.** Die Champignons und die Tomatenwürfel zum Fleisch geben, kurz erwärmen und das Ganze evtl. mit Salz und Knoblauch nochmals abschmecken.

ca. 180 kcal • 6 g F • 26 g E • 2 g KH • 0 BE

**Fleisch und Fisch**

## Kalbfleischroulade italienische Art

Zubereitungszeit:
ca. 30 Min.

Für 1 und 3 Personen

| | | |
|---|---|---|
| 100 g | 300 g | Kalbsschnitzel |
| | | Salz |
| | | gemahlener Pfeffer |
| | | Paprikapulver |
| 1 | 3 | Salbeiblätter |
| 10 g | 30 g | roher Schinken |
| 5 g | 15 g | geriebener Schnittkäse 45 % F. i. Tr. |
| ½ TL | 10 g | Diätmargarine |
| 5 g | 15 g | Tomatenmark |
| 5 g | 15 g | Kondensmilch 7,5 % F. |
| ½ | 1½ | Meßlöffel pflanzliches Bindemittel nach Belieben |

**1.** Die Schnitzel jeweils in einen Plastikbeutel oder zwischen 2 Stücke Frischhaltefolie legen und sehr flach klopfen.
**2.** Die Schnitzel mit Salz, Pfeffer und Paprikapulver würzen und mit jeweils 1 Salbeiblatt, 1 Scheibe Schinken und dem Käse belegen.
**3.** Das Fleisch zusammenrollen und mit Holzstäbchen feststecken.
**4.** Die Margarine in einem Topf erhitzen und die Rouladen darin anbraten. Das Tomatenmark dazugeben und kurz mit anrösten. Etwa 50 bzw. 150 Milliliter Wasser angießen und die Rouladen etwa 20 Minuten garen.
**5.** Den Bratensaft mit der Kondensmilch mischen und mit Salz abschmekken. Nach Belieben das Bindemittel hineinrühren und die Soße nach Packungsanweisung binden.

ca. 200 kcal • 9 g F •
24 g E • 1 g KH • 0 BE

## Kalbsbraten mit Parmesan

Zubereitungszeit:
ca. 35 Min.

Für 1 und 3 Personen

| 120 g | 360 g | mageres Kalbfleisch |
|---|---|---|
| | | Salz |
| | | gemahlener Pfeffer |
| | | Paprikapulver |
| ½ TL | 10 g | geriebener Parmesan |
| ½ TL | 10 g | Diätmargarine |
| 5 g | 15 g | Möhre |
| 5 g | 15 g | Knollensellerie |
| 5 g | 15 g | Porree |
| ½ | 1½ | Meßlöffel pflanzliches Bindemittel |

**1.** Das Fleisch mit Salz, Pfeffer, Paprikapulver und dem Parmesan einreiben.
**2.** Die Margarine in einem Topf erhitzen und das Fleisch darin anbraten.
**3.** Das Gemüse in Scheiben schneiden. Anschließend zum Fleisch geben und mit anrösten. Etwa 50 bzw. 150 Milliliter Wasser angießen und das Fleisch 30 Minuten garen.
**4.** Das Fleisch aus der Soße nehmen und warm stellen. Die Soße durch ein Sieb gießen, das Bindemittel hineinrühren und die Soße nach Packungsanweisung binden. Die Soße evtl. nochmals abschmecken und getrennt zum Braten reichen.

ca. 165 kcal • 5 g F • 26 g E • 0 g KH • 0 BE

## Kalbsnuß baskische Art

Zubereitungszeit:
ca. 35 Min.

Für 1 und 3 Personen

| 120 g | 360 g | Kalbsnuß |
|---|---|---|
| | | Salz |
| | | gemahlener Pfeffer |
| | | Rosmarin |
| ½ TL | 10 g | Diätmargarine |
| 50 g | 150 g | Tomaten |
| 5 g | 15 g | durchwachsener Speck |
| 10 g | 30 g | Zwiebel |

**1.** Das Fleisch mit Salz, Pfeffer und Rosmarin einreiben. Die Margarine in einem Topf erhitzen und das Fleisch darin anbraten.
**2.** Etwa 50 bzw. 150 Milliliter Wasser angießen und den Braten etwa 30 Minuten garen.
**3.** In der Zwischenzeit die Tomaten kurz mit kochendem Wasser überbrühen und die Haut abziehen. Das Fruchtfleisch grob würfeln.
**4.** Den Speck würfeln und in einer Pfanne auslassen. Die Zwiebeln fein schneiden, zum Speck geben und mit anbräunen.
**5.** Die Tomatenwürfel dazugeben und kurz erhitzen. Die Masse würzig abschmecken und zuletzt auf das Fleisch streichen. Den Bratensaft getrennt dazu reichen.

ca. 195 kcal • 8 g F • 26 g E • 2 g KH • 0 BE

## Filet „Wellington"

Zubereitungszeit:
ca. 1 ½ Std.
Vorheizen des Backofens
auf 220° C
Backzeit: ca. 15 Min.

Für 1 und 3 Personen

| | | |
|---|---|---|
| 50 g | 150 g | Quarkblätterteig (knapp ½ Rezept von Seite 164) |
| 100 g | 300 g | Rinderfilet (1 bzw. 3 Scheiben) |
| | | Salz |
| | | gemahlener Pfeffer |
| ½ TL | 10 g | Diätmargarine |
| 40 g | 120 g | Tomaten |
| 30 g | 90 g | Champignons, aus der Dose |
| | | gehackte Petersilie |
| 1 TL | 3 TL | Eigelb |

**1.** Den Blätterteig nach Rezeptanweisung zubereiten.
**2.** Die Fleischstücke mit einem Baumwollfaden umwickeln, damit sie ihre runde Form behalten. Das Fleisch mit Salz und Pfeffer würzen.
**3.** Die Margarine in einer Pfanne erhitzen und die Filetstücke darin jeweils von beiden Seiten etwa 1 Minute anbraten und zur Seite stellen.
**4.** Die Tomaten mit kochendem Wasser überbrühen, die Haut abziehen. Das Fruchtfleisch grob würfeln.
**5.** Die Champignons hacken. Die Tomaten und die Champignons im Bratfett erhitzen, etwa 30 bzw. 90 Milliliter Wasser angießen und einkochen lassen. Mit Salz, Pfeffer und Petersilie abschmecken.
**6.** Den Blätterteig dünn ausrollen und in 1 bzw. 3 Quadrate schneiden. Von den Filetstücken die Fäden entfernen, das Fleisch auf die Blätterteigquadrate legen und mit dem Tomatenpilzgemisch bestreichen.
**7.** Die Filetstücke in den Teig einschlagen und mit der verschlossenen Seite auf ein mit Wasser bespritztes Blech legen.
**8.** Die Teigstücke mit dem Eigelb bestreichen, das Blech in den Ofen schieben und die Filets etwa 15 Minuten backen.

ca. 365 kcal • 21 g F • 25 g E • 15 g KH • 1 BE

**Tip**
Sie können für dieses Gericht auch fertigen tiefgekühlten Blätterteig einsetzen.

## Steak „Esterhazy"

Zubereitungszeit:
ca. 30 Min.

Für 1 und 3 Personen

| | | |
|---|---|---|
| 5 g | 15 g | Diätmargarine |
| 120 g | 360 g | Roastbeef |
| | | Salz |
| | | gemahlener Pfeffer |
| 20 g | 60 g | Möhren |
| 20 g | 60 g | Porree |
| 10 g | 30 g | Knollensellerie |

**1.** Die Margarine in einer Pfanne erhitzen und die Fleischstücke jeweils darin von beiden Seiten braten. Mit Salz und Pfeffer würzen und warm stellen.
**2.** Die Möhren, den Porree und den Sellerie in sehr feine Streifen schneiden.
**3.** Das Gemüse in das Bratfett geben, etwa 50 bzw. 150 Milliliter Wasser angießen und das Gemüse kurz bißfest dünsten. Das Gemüse würzen und auf dem Fleisch anrichten.

ca. 275 kcal • 16 g F • 26 g E • 2 g KH • 0 BE

## Bœuf Stroganoff

Zubereitungszeit:
ca. 30 Min.

Für 1 und 3 Personen

| | | |
|---|---|---|
| 100 g | 300 g | Rinderfilet |
| 10 g | 30 g | Zwiebel |
| ½ TL | 10 g | Diätmargarine |
| | | Salz |
| | | gemahlener Pfeffer |
| 20 g | 60 g | Kochschinken |
| 20 g | 60 g | Gewürzgurken |
| 40 g | 120 g | Champignons, aus der Dose |
| | | Senf |
| 5 g | 15 g | saure Sahne |

**1.** Das Filet in Streifen schneiden und die Zwiebel hacken. Die Margarine in einer Pfanne erhitzen und das Fleisch und die Zwiebelwürfel darin anbraten.
**2.** Das Fleisch mit Salz und Pfeffer würzen, etwa 50 bzw. 150 Milliliter Wasser angießen und das Fleisch etwa 10 Minuten schmoren lassen.
**3.** In der Zwischenzeit den Schinken und die Gurken in Streifen schneiden. Die Champignons je nach Größe vierteln. Den Schinken, die Gurken und die Pilze zum Fleisch geben, mit Salz, Pfeffer und Senf würzen und kurz aufkochen.
**4.** Kurz vor dem Servieren die saure Sahne darunterrühren.

ca. 215 kcal • 11 g F • 25 g E • 2 g KH • 0 BE

Fleisch und Fisch

## Ungarischer Gulasch

Zubereitungszeit:
ca. 50 Min.

Für 1 und 3 Personen

65 g  195 g  Zwiebeln
120 g  360 g  mageres Rindfleisch
5 g  15 g  Diätmargarine
10 g  30 g  Tomatenmark
Salz
gemahlener Pfeffer
Paprikapulver
Kümmelpulver
Rosmarin
½  1½  Knoblauchzehe(n)

1. Die Zwiebeln schälen und in Scheiben, das Fleisch in 2 bis 3 Zentimeter große Stücke schneiden.
2. Die Margarine in einem Topf erhitzen. Die Zwiebelscheiben darin bräunen, das Fleisch dazugeben und kurz mit anbraten.
3. Das Tomatenmark, die Gewürze und den zerdrückten Knoblauch dazugeben, etwa 50 bzw. 150 Milliliter Wasser angießen und den Gulasch etwa 40 Minuten schmoren. Die Soße vor dem Servieren abschmecken.

ca. 255 kcal • 13 g F • 26 g E • 5 g KH • 0 BE

## Tomatengulasch

Zubereitungszeit:
ca. 1 Std.

Für 1 und 3 Personen

120 g  360 g  mageres Rindfleisch
5 g  15 g  Diätmargarine
10 g  30 g  Tomatenmark
Salz
gemahlener Pfeffer
Paprikapulver edelsüß
frisches Basilikum
50 g  150 g  Tomaten
½  1½  Meßlöffel pflanzliches Bindemittel nach Belieben

1. Das Rindfleisch in 2 bis 3 Zentimeter große Würfel schneiden. Die Margarine in einem Topf erhitzen und die Fleischwürfel darin anbraten.
2. Das Tomatenmark dazugeben, kurz mit anrösten und etwa 50 bzw. 150 Milliliter Wasser angießen.
3. Das Gulasch mit Salz, Pfeffer und Paprikapulver würzen. Das Basilikum hacken und dazugeben. Das Fleisch etwa 40 Minuten schmoren lassen.
4. Die Tomaten mit kochendem Wasser überbrühen, die Haut abziehen. Das Fruchtfleisch grob würfeln. Die Tomatenwürfel zuletzt zum Fleisch geben und alles kurz aufkochen lassen.
5. Die Soße abschmecken, nach Belieben das Bindemittel hineinrühren und das Gulasch nach Packungsanweisung binden.

ca. 245 kcal • 13 g F • 26 g E • 2 g KH • 0 BE

## Ungarische Bohnen

Zubereitungszeit: ca. 1 Std.

Für 1 und 3 Personen

| | | |
|---|---|---|
| 100 g | 300 g | mageres Rind- oder Rinderhackfleisch |
| 5 g | 15 g | Diätmargarine |
| 5 g | 15 g | Zwiebel |
| | | Salz |
| | | gemahlener Pfeffer |
| | | Paprikapulver |
| ¼ | ¾ | Lorbeerblatt |
| 50 g | 150 g | rote Paprikaschote |
| 120 g | 360 g | Brechbohnen, aus der Dose |
| | | einige Blättchen Basilikum |

**1.** Das Fleisch durch die grobe Scheibe des Fleischwolfes drehen oder bereits als Hackfleisch kaufen. Die Margarine in einem Topf erhitzen und das Fleisch darin kurz anbraten.
**2.** Die Zwiebel hacken, dazugeben und etwa 50 bzw. 150 Milliliter Wasser angießen. Das Ganze mit Salz, Pfeffer, Paprikapulver und Lorbeerblatt würzen.
**3.** Die Paprikaschoten in Streifen schneiden. Diese zum Fleisch geben und alles im geschlossenen Topf etwa 50 Minuten garen.
**4.** Die Bohnen kurz vor Ende der Garzeit in den Topf geben, erhitzen und das Gericht mit den Gewürzen und dem geschnittenen Basilikum abschmecken.

ca. 235 kcal • 11 g F • 23 g E • 7 g KH • 0 BE

## Königsberger Klopse

Zubereitungszeit: ca. 30 Min.

Für 1 und 3 Personen

| | | |
|---|---|---|
| 3 | 9 | Kapern |
| ⅓ | 1 | Sardellenfilet |
| 10 g | 30 g | Zwiebel |
| 100 g | 300 g | Tatar |
| 20 g | 60 g | Magerquark |
| 10 g | 30 g | Ei |
| | | Salz, gemahlener Pfeffer |
| ½ | 1 ½ | Lorbeerblätter |
| 4 | 12 | Pfefferkörner |
| 5 g | 15 g | Kondensmilch 7,5 % F. |
| ½ | 1 ½ | Meßlöffel pflanzliches Bindemittel |

**1.** Die Kapern, das Sardellenfilet und die Hälfte der Zwiebel hacken.
**2.** Das Hackfleisch mit dem Quark, dem Ei, der halben gehackten Zwiebel, Salz, Pfeffer und dem gehackten Sardellenfilet in eine Schüssel geben und verkneten.
**3.** Den Teig zu Klopsen formen. Etwa 225 bzw. 675 Milliliter Wasser mit Salz, Lorbeerblättern, Pfefferkörnern und der restlichen Zwiebel in einen Topf geben, zum Kochen bringen, die Klopse hineinlegen und gar ziehen, nicht kochen, lassen.
**4.** Eine halbe Tasse der Klopsbrühe mit der Kondensmilch verrühren, das Bindemittel hinzufügen und die Soße binden.
**5.** Die Kapern dazugeben und die Soße mit Salz und Pfeffer abschmecken. Die Klopse in der Soße servieren.

ca. 200 kcal • 9 g F • 25 g E • 2 g KH • 0 BE

**Fleisch und Fisch**

## Chinesisches Reisgericht

Zubereitungszeit: ca. 1 Std.

Für 1 und 3 Personen

| | | |
|---|---|---|
| 60 g | 180 g | mageres Rind- oder Rinderhackfleisch |
| 10 g | 30 g | Zwiebel |
| ½ TL | 10 g | Diätmargarine |
| 50 g | 150 g | Sojabohnenkeimlinge |
| 30 g | 90 g | roher Reis |
| 60 g | 180 g | Tomaten |
| 10 g | 30 g | ungesüßte Sojasoße |

Salz
gemahlener Pfeffer
Paprikapulver
1 Prise Ingwerpulver

**1.** Das Fleisch durch die grobe Scheibe des Fleischwolfes drehen oder bereits als solches kaufen. Die Zwiebel würfeln. Die Margarine in einem Topf erhitzen und das Fleisch und die Zwiebelwürfel darin anbraten.
**2.** Die Sojabohnenkeimlinge und etwa 50 bzw. 150 Milliliter Wasser dazugeben und das Fleisch und die Keimlinge etwa 45 Minuten gar dünsten.
**3.** Währenddessen den Reis mit etwa 150 bzw. 450 Millilitern leicht gesalzenem Wasser aufsetzen und garen.
**4.** Die Tomaten mit kochendem Wasser überbrühen, die Haut abziehen und das Fruchtfleisch grob würfeln. Die Tomatenwürfel zum Fleisch geben, kurz aufkochen lassen und das Gericht mit Sojasoße, Salz, Pfeffer, Paprika- und Ingwerpulver abschmecken.
**5.** Den Reis abgießen und das Hackfleischgericht darauf anrichten.

ca. 250 kcal • 7 g F • 17 g E • 28 g KH • 2 BE

## Artischocken- böden „Costa Brava"

Zubereitungszeit:
ca. 25 Min.
Vorheizen des Backofens
auf 200° C
Garzeit im Ofen:
ca. 20 Min.

Für 1 und 3 Personen

| | | |
|---|---|---|
| 10 g | 30 g | Zwiebel |
| 60 g | 180 g | Tatar |
| 10 g | 30 g | Ei |
| Salz | | |
| gemahlener Pfeffer | | |
| Rosmarin | | |
| 50 g | 150 g | Artischocken- böden aus der Dose |
| 60 g | 180 g | Tomaten |
| ½ TL | 10 g | Diätmargarine |
| ¼ | ¾ | Knoblauchzehe |
| frisches Basilikum | | |

**1.** Die Zwiebel fein hakken und mit dem Tatar, dem Ei, Salz, Pfeffer und Rosmarin zu einem Fleischteig kneten.
**2.** Die Artischockenböden abtropfen lassen. Aus der Fleischmasse Bällchen formen und diese auf die Artischockenböden drücken.
**3.** Die Tomaten mit kochendem Wasser überbrühen, die Haut abziehen und das Fruchtfleisch grob würfeln. Die Margarine in einem Topf erhitzen und die Tomatenwürfel darin kurz anbraten.
**4.** Etwa 50 bzw. 150 Milliliter Wasser angießen, aufkochen lassen und mit Salz, Pfeffer, zerdrücktem Knoblauch und gehacktem, frischen Basilikum abschmecken.
**5.** Die Soße in eine feuerfeste Form gießen, die gefüllten Artischockenböden hineinsetzen und etwa 20 Minuten im Ofen garen.

ca. 170 kcal • 8 g F •
16 g E • 7 g KH • 0 BE

**Fleisch und Fisch**

## Rinderschmorbraten „Robert"

Zubereitungszeit:
ca. 1 ¼ Std.

Für 1 und 3 Personen

| | | |
|---|---|---|
| 120 g | 360 g | mageres Rindfleisch |
| | | Salz, gemahlener Pfeffer |
| | | Senf, Basilikum |
| ½ TL | 10 g | Diätmargarine |
| 10 g | 30 g | Zwiebel |
| 20 g | 60 g | Gewürzgurken |
| ½ | 1 ½ | Meßlöffel pflanzliches Bindemittel |

**1.** Das Fleisch mit Salz, Pfeffer, Senf und Basilikum einreiben.
**2.** Die Margarine in einem Topf erhitzen und das Fleisch darin anbraten. Die Zwiebel würfeln und kurz mitrösten.
**3.** Etwa 50 bzw. 150 Milliliter Wasser angießen und das Fleisch etwa 1 Stunde schmoren.
**4.** Die Gurken fein hakken, in die Soße geben, kurz aufkochen und mit Salz und Senf abschmekken. Das Bindemittel hineinrühren und die Soße nach Packungsanweisung binden. Die Soße extra zum Braten servieren.

ca. 220 kcal • 11 g F • 26 g E • 1 g KH • 0 BE

**Variation**
Für einen Braten italienische Art das Fleisch mit Salz, Pfeffer, Rosmarin und Thymian einreiben und schmoren. Die Soße mit 20 ml bzw. 60 ml Rotwein abschmecken.

ca. 225 kcal • 11 g F • 25 g E • 0 g KH • 0 BE

## Rinderroulade

Zubereitungszeit:
ca. 1 Std.

Für 1 und 3 Personen

| | | |
|---|---|---|
| 110 g | 330 g | Rouladenfleisch |
| | | Salz |
| | | gemahlener Pfeffer |
| | | Paprikapulver |
| | | Senf |
| 10 g | 30 g | Kochschinken |
| 10 g | 30 g | Zwiebel |
| 10 g | 30 g | Gewürzgurke |
| 5 g | 15 g | Diätmargarine |
| ½ | 1 ½ | Meßlöffel pflanzliches Bindemittel |

**1.** Die Rouladen auf einer Seite mit Salz, Pfeffer, Paprikapulver und Senf einreiben.
**2.** Den Schinken, die Zwiebel und die Gurke fein schneiden und auf dem Fleisch verteilen. Die Rouladen zusammenrollen und mit Holzstäbchen feststecken oder mit Haushaltsgarn zu Rollen binden.
**3.** Die Margarine in einem Topf erhitzen und die Rouladen darin anbraten. Etwa 50 bzw. 150 Milliliter Wasser angießen und die Rouladen etwa 40 Minuten schmoren.
**4.** Die Soße mit Salz und Pfeffer nachwürzen. Nach Belieben das Bindemittel hineinrühren und die Soße nach Packungsanweisung binden. Die Rouladen in der Soße servieren.

ca. 240 kcal • 13 g F • 26 g E • 1 g KH • 0 BE

## Rindfleisch mit Meerrettichsoße

Zubereitungszeit:
ca. 1 ¼ Std.

Für 1 und 3 Personen

| | | |
|---|---|---|
| 10 g | 30 g | Möhre |
| 10 g | 30 g | Porreee |
| 10 g | 30 g | Zwiebel |
| 5 g | 15 g | Knollensellerie |
| 1 | 3 | Lorbeerblätter |
| 1 | 3 | Nelken |
| Salz | | |
| 120 g | 360 g | mageres Rindfleisch |
| 10 g | 30 g | geriebener Meerrettich |
| 5 g | 15 g | Kondensmilch 7,5 % F. |
| ½ | 1 ½ | Meßlöffel pflanzliches Bindemittel |

**1.** Die Möhre, den Porree, die Zwiebel und den Sellerie waschen und in Scheiben schneiden.
**2.** Etwa 225 bzw. 675 Milliliter Wasser mit den Lorbeerblättern, den Nelken, Salz und dem Suppengemüse in einen Topf geben. Das Ganze aufkochen lassen, das Fleisch hineingeben und etwa 1 Stunde kochen.
**3.** Für die Soße eine halbe bzw. eineinhalb Tasse(n) der Fleischbrühe entfetten, den Meerrettich und die Kondensmilch hineinrühren und mit Salz abschmecken.
**4.** Nach Belieben das Bindemittel hineinrühren und die Soße nach Pakkungsanweisung binden. Die Meerrettichsoße zum Fleisch reichen.

ca. 205 kcal • 9 g F •
26 g E • 2 g KH • 0 BE

## Sauerbraten rheinische Art

Zubereitungszeit:
ca. 70 Min.
Marinierzeit: ca. 2 Tage

Für 1 und 3 Personen

| | | |
|---|---|---|
| 10 g | 30 g | Zwiebel |
| | | flüssiger Süßstoff |
| 15 g | 45 g | Essig |
| ½ | 1 ½ | Lorbeerblätter |
| 1 | 3 | Nelken |
| 120 g | 360 g | mageres Rindfleisch |
| | | Salz, gemahlener Pfeffer |
| ½ TL | 10 g | Diätmargarine |
| 5 g | 15 g | ungesüßte Preiselbeeren aus dem Glas |
| ½ | 1 ½ | Meßlöffel pflanzliches Bindemittel |

**1.** Die Zwiebel hacken. Etwa 225 bzw. 675 Milliliter Wasser mit etwas Süßstoff, Essig, Zwiebel und den Gewürzen aufkochen lassen. Die Beize abschmecken und etwas abkühlen lassen.
**2.** Das Fleisch hineinlegen und etwa 1 bzw. 2 Tage marinieren.
**3.** Das Fleisch aus der Beize nehmen und mit Salz und Pfeffer würzen. Die Beize aufheben.
**4.** Die Margarine in einem Schmortopf erhitzen und das Fleisch darin anbraten. Die Beize und evtl. noch etwas Wasser angießen und das Fleisch etwa 1 Stunde schmoren.
**5.** Den Bratensaft bis auf eine halbe Tasse einkochen lassen. Die Preiselbeeren hineingeben und die Soße abschmecken. Nach Belieben das Bindemittel hineinrühren und die Soße binden.

ca. 215 kcal • 11 g F •
25 g E • 0 g KH • 0 BE

**Fleisch und Fisch**

## Geschnetzeltes „Chop Suey"

Zubereitungszeit: ca. 35 Min.

Für 1 und 3 Personen

| | | |
|---|---|---|
| 100 g | 300 g | Schweinefilet |
| ½ TL | 10 g | Diätmargarine |
| | | Salz |
| | | gemahlener Pfeffer |
| | | Paprikapulver |
| 15 g | 45 g | Zwiebeln |
| 20 g | 60 g | Champignons, aus der Dose |
| 15 g | 45 g | rote Paprikaschote |
| 20 g | 60 g | Porree |
| 25 g | 75 g | Sojabohnenkeimlinge |
| 10 g | 30 g | ungesüßte Sojasoße |
| 10 g | 30 g | Sahne 28 % F. |
| | | 1 Prise Ingwerpulver |

**1.** Das Filet in fingerdicke Scheiben schneiden. Die Margarine in einer Pfanne erhitzen und das Fleisch darin anbraten.
**2.** Das Fleisch mit Salz, Pfeffer und Paprikapulver würzen, aus der Pfanne nehmen und warm stellen.
**3.** Die Zwiebeln in feine Würfel schneiden, die Champignons abtropfen lassen und in Scheiben schneiden.
**4.** Die Paprikaschote und den Porree klein schneiden. Die Sojabohnenkeimlinge abspülen.
**5.** Das Gemüse anschließend in die Pfanne geben, anbraten, etwa 50 bzw. 150 Milliliter Wasser angießen und alles dünsten.
**6.** Das Gemüse mit der Sojasoße und der Sahne verrühren und das Ganze mit Salz und Ingwerpulver abschmecken. Die Filetscheiben dazugeben und nochmals kurz erhitzen.

ca. 290 kcal • 18 g F • 23 g E • 5 g KH • 0 BE

## Schweinefilet in Curryrahm

Zubereitungszeit: ca. 20 Min.

Für 1 und 3 Personen

| | | |
|---|---|---|
| 120 g | 360 g | Schweinefilet |
| | | Salz |
| | | gemahlener Pfeffer |
| ½ TL | 10 g | Diätmargarine |
| 10 g | 30 g | saure Sahne |
| | | Currypulver |

**1.** Das Filet mit Salz und Pfeffer würzen. Die Margarine in einer Pfanne erhitzen und das Fleisch darin rundherum anbraten.
**2.** Etwa 50 bzw. 150 Milliliter Wasser angießen und das Fleisch etwa 15 Minuten garen.
**3.** Die Sahne in die Soße rühren und diese mit Currypulver und Salz abschmecken. Das Fleisch in Scheiben schneiden und in der Soße servieren.

ca. 280 kcal • 19 g F • 23 g E • 0 g KH • 0 BE

## Gefülltes Schnitzel

Zubereitungszeit:
ca. 20 Min.
Vorheizen des Backofens
auf 180°C
Zeit zum Überbacken:
ca. 15 Min.

Für 1 und 3 Personen

| 120 g | 360 g | Schweine-schnitzel |
| 40 g | 120 g | Sauerkraut |
| Salz, gemahlener Pfeffer |
| Paprikapulver, Kümmel |
| ½ TL | 10 g | Diätmargarine |
| 5 g | 15 g | Senf |
| 20 g | 60 g | Magerjoghurt |
| 15 g | 45 g | Ei |
| gehackte Petersilie |
| Schnittlauch, in Röllchen |

**1.** In die Schnitzel von den Längsseiten her jeweils eine Tasche einschneiden.
**2.** Das Sauerkraut hacken und mit Salz, Pfeffer, Paprikapulver und Kümmel würzen. Die Schnitzel damit füllen und mit Holzstäbchen zusammenstecken.
**3.** Die Margarine in einer Pfanne erhitzen und das Fleisch darin jeweils 2 Minuten auf jeder Seite braten. Das Fleisch anschließend mit Senf bestreichen und die Schnitzel in eine feuerfeste Form legen.
**4.** Den Joghurt mit dem Ei, Salz, Pfeffer, Paprikapulver und den Kräutern zu einer Soße verrühren und das Fleisch damit überziehen. Die Form auf die mittlere Schiene in den Ofen stellen und das Fleisch etwa 15 Minuten überbacken.

ca. 300 kcal • 19 g F •
27 g E • 2 g KH • 0 BE

## Wirsingrouladen

Zubereitungszeit:
ca. 30 Min.
Vorheizen des Backofens
auf 200°C
Garzeit im Ofen:
ca. 30 Min.

Für 1 und 3 Personen

| 200 g | 600 g | Wirsing-blätter |
| Salz |
| 50 g | 150 g | mageres Rindfleisch |
| 50 g | 150 g | mageres Schweinefleisch |
| 10 g | 30 g | Zwiebel |
| 10 g | 30 g | Ei |
| 20 g | 60 g | Magerquark |
| gemahlener Pfeffer |
| Paprikapulver |
| Kümmel |
| 50 ml | 150 ml | entfettete Fleischbrühe |

**1.** Die Wirsingblätter kurz in kochendem Salzwasser blanchieren, gut abtropfen lassen und jeweils die kleineren Blätter auf die größeren schichten.
**2.** Das Fleisch und die Zwiebel durch den Fleischwolf drehen. Das Ei, den Quark, Salz, Pfeffer, Paprikapulver und Kümmel dazugeben und alles verkneten.
**3.** Die Fleischfarce auf die Wirsinglagen verteilen und die Blätter zu Rouladen zusammenrollen. Diese dann mit Garn umwickeln.
**4.** Die Rouladen in eine feuerfeste Form legen und die Fleischbrühe angießen. Die Form in den Ofen stellen und die Rouladen etwa 30 Minuten garen.

ca. 330 kcal • 17 g F •
29 g E • 10 g KH • 0 BE

## Gefüllte Aubergine

Zubereitungszeit:
ca. 20 Min.
Vorheizen des Backofens
auf 180° C
Garzeit im Ofen:
ca. 40 Min.

Für 1 und 3 Personen

| | | |
|---|---|---|
| 150 g | 450 g | Aubergine |
| Salz | | |
| ½ TL | 10 g | Öl |
| 100 g | 300 g | mageres Schweinefleisch |
| 10 g | 30 g | Zwiebel |
| 10 g | 30 g | Magerquark |
| 10 g | 30 g | Ei |
| gemahlener Pfeffer | | |
| Paprikapulver | | |
| ½ | 1 ½ | Knoblauchzehen |
| 20 g | 60 g | Tomaten |
| 10 g | 30 g | geriebener Parmesan |
| 50 ml | 150 ml | entfettete Fleischbrühe |

**1.** Die Aubergine waschen und halbieren. Das Fruchtfleisch leicht mit einem Löffel herauskratzen und die Innenseiten wenig salzen. Das herausgenommene Auberginenfleisch fein hacken.
**2.** Das Öl in einer Pfanne erhitzen und das Auberginenfleisch darin kurz anbraten. Anschließend abkühlen lassen.
**3.** Das Fleisch und die Zwiebel durch die feine Scheibe des Fleischwolfes drehen. Mit dem Quark, dem Ei, Salz, Pfeffer, Paprikapulver, zerdrücktem Knoblauch und dem Auberginenfruchtfleisch zu einem Teig kneten.
**4.** Die Tomaten kurz mit kochendem Wasser überbrühen und die Haut abziehen. Das Fruchtfleisch in Streifen schneiden.
**5.** Die Fleischfarce in die Auberginenhälften füllen und die Tomatenstreifen darauflegen. Die Auberginenhälften in eine feuerfeste Form geben und mit Parmesan bestreuen.
**6.** Die Fleischbrühe angießen und die Auberginen in der zugedeckten Form etwa 40 Minuten schmoren.

ca. 430 kcal • 31 g F • 25 g E • 7 g KH • 0 BE

**Fleisch und Fisch**

## Apfel mit Fleischfüllung

Zubereitungszeit:
ca. 15 Min.
Vorheizen des Backofens
auf 200° C
Garzeit im Ofen:
ca. 30 Min.

Für 1 und 3 Personen

| | | |
|---|---|---|
| 50 g | 150 g | mageres Schweinefleisch |
| 50 g | 150 g | Schweineleber |
| 10 g | 30 g | Zwiebel |
| | | Salz |
| | | gemahlener Pfeffer |
| | | Paprikapulver |
| | | Majoran |
| 100 g | 300 g | Apfel mit Schale |
| 50 ml | 150 ml | entfettete Fleischbrühe |

**1.** Das Fleisch, die Leber und die Zwiebel durch die feine Scheibe des Fleischwolfes drehen. Die Farce mit Salz, Pfeffer, Paprikapulver und Majoran würzen und gut mischen.
**2.** Von den Äpfeln die Kerngehäuse herausstechen und jeden Apfel quer teilen. Die Hälften leicht aushöhlen.
**3.** Das herausgelöste Fruchtfleisch fein hacken, mit der Fleischmasse mischen und in die Apfelhälften füllen.
**4.** Die Äpfel in eine feuerfeste Form setzen, die Fleischbrühe angießen und die Form in den Ofen stellen. Die gefüllten Äpfel etwa 30 Minuten garen.

ca. 280 kcal • 15 g F • 19 g E • 13 g KH • 1 BE

**Fleisch und Fisch**

## Schweineleber Berliner Art

Zubereitungszeit: ca. 30 Min.

Für 1 und 3 Personen

| | | |
|---|---|---|
| 65 g | 195 g | Zwiebeln |
| 5 g | 15 g | Sonnenblumenöl |
| 50 g | 150 g | Apfel, mit Schale |
| 120 g | 360 g | Schweineleber |
| | | Salz |
| | | gemahlener Pfeffer |
| | | Majoran |

**1.** Die Zwiebeln in Ringe schneiden. Die Hälfte des Öls in einer Pfanne erhitzen und die Zwiebelringe darin goldgelb braten. Diese herausnehmen und warm stellen.
**2.** Den Apfel schälen und das Kerngehäuse herausstechen. Das Fruchtfleisch in etwa 1 Zentimeter dicke Ringe schneiden, diese im Zwiebelfett dünsten und ebenfalls warm stellen.
**3.** Das restliche Öl in der Pfanne erhitzen, die Leber darin braten und mit Salz, Pfeffer und Majoran würzen.
**4.** Die Apfel- und Zwiebelringe auf der gebratenen Leber verteilen.

ca. 270 kcal • 12 g F • 25 g E • 11 g KH • ½ BE

## Leberspieße Balkan Art

Zubereitungszeit: ca. 15 Min.
Vorheizen des Grills
Grillzeit: ca. 15 Min.

Für 1 und 3 Personen

| | | |
|---|---|---|
| 120 g | 360 g | Schweineleber |
| 50 g | 150 g | grüne Paprikaschote |
| 20 g | 60 g | Zwiebeln |
| 15 g | 30 g | durchwachsener Speck |
| | | wenig Öl für die Spieße |
| | | Salz |
| | | gemahlener Pfeffer |
| | | Basilikum |

**1.** Die Leber, die Paprikaschote und die Zwiebeln in 2 bis 3 Zentimeter große Stücke, den Speck in dünne Scheiben schneiden.
**2.** Die Zutaten abwechselnd auf einen bzw. drei in Öl getauchte Holzspieß(e) stecken. Mit Salz, Pfeffer und Basilikum würzen. Die Spieße etwa 15 Minuten unter dem Grill knusprig garen.

ca. 290 kcal • 17 g F • 26 g E • 3 g KH • 0 BE

## Rehbraten

Zubereitungszeit:
ca. 75 Min.

Für 1 und 3 Personen

| | |
|---|---|
| 10 g | 30 g Zwiebel |
| ½ TL | 10 g Diätmargarine |
| 120 g | 360 g Rehfleisch aus der Keule |
| 5 g | 15 g Tomatenmark |
| 20 ml | 60 ml Rotwein |
| | Salz |
| | gemahlener Pfeffer |
| | Thymian |
| ½ | 1½ Lorbeerblätter |
| 2 | 6 Wacholderbeeren |
| 10 g | 30 g saure Sahne |
| ½ | 1½ Meßlöffel pflanzliches Bindemittel |

**1.** Die Zwiebel hacken. Die Margarine in einem Topf erhitzen und das Fleisch darin anbraten.
**2.** Die gehackte Zwiebel und das Tomatenmark dazugeben und kurz mit anrösten. Den Rotwein und etwa 50 bzw. 150 Milliliter Wasser angießen.
**3.** Das Fleisch mit Salz, Pfeffer, Thymian, den Lorbeerblättern und Wacholderbeeren würzen und etwa 1 Stunde im geschlossenen Topf garen.
**4.** Die Sahne in die Soße geben und diese mit Salz und Pfeffer nachwürzen. Nach Belieben das Bindemittel in die Soße rühren und diese nach Packungsanweisung binden. Den Rehbraten in Scheiben schneiden und die Soße extra dazu servieren.

ca. 190 kcal • 6 g F • 26 g E • 2 g KH • 0 BE

## Hirschragout

Zubereitungszeit:
ca. 75 Min.

Für 1 und 3 Personen

| | |
|---|---|
| 5 g | 15 g durchwachsener Speck |
| 120 g | 360 g Hirschfleisch aus der Keule |
| 10 g | 30 g Zwiebel |
| | Salz |
| | gemahlener Pfeffer |
| | Thymian |
| | gemahlenes Piment |
| | einige Wacholderbeeren |
| 10 ml | 30 ml Rotwein |
| 5 g | 15 g Kondensmilch 7,5 % F. |
| ½ | 1½ Meßlöffel pflanzliches Bindemittel |

**1.** Den Speck in kleine, das Fleisch in 2 bis 3 Zentimeter große Würfel schneiden.
**2.** Die Speckwürfel in einer Pfanne auslassen und die Fleischwürfel darin anbraten.
**3.** Die Zwiebel hacken, zum Fleisch geben und kurz mit anrösten.
**4.** Die Gewürze dazugeben und etwa 50 bzw. 150 Milliliter Wasser angießen. Das Hirschragout im geschlossenen Topf etwa 1 Stunde garen.
**5.** Die Soße mit dem Rotwein und der Kondensmilch verrühren, nach Belieben das Bindemittel hineinrühren und die Soße nach Packungsanweisung binden. Zuletzt nochmals abschmecken.

ca. 195 kcal • 8 g F • 26 g E • 1 g KH • 0 BE

## Coq au Vin

Zubereitungszeit:
ca. 50 Min.

Für 1 und 3 Personen

| 1 | 3 Hähnchenschenkel (à 170 g) |
|---|---|
| | Salz |
| | gemahlener Pfeffer |
| | Thymian |
| | Rosmarin |
| ½ TL | 10 g Diätmargarine |
| 10 g | 30 g Zwiebel |
| 10 g | 30 g gekochter Schinken |
| 20 ml | 60 ml Rotwein |
| ½ | 1½ Meßlöffel pflanzliches Bindemittel |

**1.** Den Hähnchenschenkel mit Salz, Pfeffer, Thymian und Rosmarin einreiben.
**2.** Die Margarine in einem Topf erhitzen und den Hähnchenschenkel darin anbraten.
**3.** Die Zwiebel und den Schinken würfeln, beides kurz mit dem Fleisch anrösten und etwa 50 bzw. 150 Milliliter Wasser und den Rotwein angießen. Den Hähnchenschenkel im geschlossenen Topf etwa 40 Minuten garen.
**4.** Die Soße mit Salz abschmecken, nach Belieben das Bindemittel hineinrühren und die Soße nach Packungsanweisung binden. Die Hähnchenschenkel in der Soße servieren.

ca. 220 kcal • 8 g F • 29 g E • 1 g KH • 0 BE

## Hähnchenschenkel in Gemüsesoße

Zubereitungszeit:
ca. 50 Min.

Für 1 und 3 Personen

| 5 g | 15 g Diätmargarine |
|---|---|
| 1 | 3 Hähnchenschenkel (à 170 g) |
| | Salz |
| | gemahlener Pfeffer |
| | Paprikapulver |
| 20 g | 60 g rote Paprikaschote |
| 10 g | 30 g Zwiebel |
| 10 g | 30 g Erbsen, tiefgekühlt oder aus der Dose |

**1.** Die Margarine in einem Topf erhitzen und die Hähnchenschenkel darin rundherum anbraten. Mit Salz, Pfeffer und Paprikapulver würzen und etwa 75 bzw. 225 Milliliter Wasser angießen.
**2.** Die Paprikaschote und die Zwiebel in feine Würfel schneiden. Beides zu den Hähnchenschenkeln geben und diese etwa 40 Minuten im geschlossenen Topf garen.
**3.** Zuletzt die Erbsen dazugeben, in der Soße erwärmen und diese nach Belieben nochmals abschmecken. Die Hähnchenschenkel in der Soße servieren.

ca. 205 kcal • 8 g F • 27 g E • 2 g KH • 0 BE

## Hühnerfrikassee Toulouser Art

Zubereitungszeit: ca. 75 Min.

Für 1 und 3 Personen

| | | |
|---|---|---|
| 10 g | 30 g | Möhre |
| 10 g | 30 g | Porree |
| 5 g | 15 g | Knollensellerie |
| 10 g | 30 g | Zwiebel |
| Salz | | |
| 160 g | 500 g | Suppenhuhn mit Knochen |
| 1 | 3 | Meßlöffel pflanzliches Bindemittel |
| 5 g | 15 g | Kondensmilch 7,5 % F. |
| 10 ml | 30 ml | Weißwein |
| 30 g | 90 g | Champignons, aus der Dose |
| 30 g | 90 g | Spargel aus der Dose oder gekochter grüner Spargel |

1. Die Möhre, den Porree und den Sellerie putzen, waschen und in Stücke, die Zwiebel in Scheiben schneiden.
2. Etwa 300 bzw. 900 Milliliter leicht gesalzenes Wasser mit dem Suppengemüse aufkochen, das Huhn hineingeben und etwa 1 Stunde garen.
3. Das Huhn anschließend herausnehmen, leicht abkühlen lassen und das Fleisch von den Knochen lösen. Das Fleisch in Stücke schneiden.
4. Für die Soße eine Tasse entfettete Hühnerbrühe in einen Topf geben, das Bindemittel hineinrühren und die Soße nach Packungsanweisung binden.
5. Die Kondensmilch und den Weißwein zur Soße geben und diese mit Salz würzen.
6. Die Champignons und den Spargel klein schneiden und mit dem Huhnfleisch in der Soße erwärmen.

ca. 160 kcal • 2 g F • 29 g E • 2 g KH • 0 BE

# Geflügelbrust „Surprise"

Zubereitungszeit
(ohne Kühlzeit):
ca. 40 Min.
Vorheizen des Grills

Für 1 und 3 Personen

| | | |
|---|---|---|
| 10 g | 30 g | Apfel |
| 5 g | 15 g | Knollensellerie |
| 5 g | 15 g | Möhre |
| 1 | 3 | Puten- oder Hühnerbrüste (à 120 g) |
| | | Salz |
| | | gemahlener Pfeffer |
| | | Paprikapulver |
| 40 g | 120 g | Magerjoghurt |
| | | gehackte gemischte Kräuter (Petersilie, Schnittlauch, Pimpernelle, Borretsch, Estragon) |
| 5 ml | 15 ml | Zitronensaft |

1. Den Apfel, den Sellerie und die Möhren waschen und alles in feine Streifen schneiden.
2. Das Gemüse- und die Apfelstreifen in etwa 30 bzw. 90 Millilitern Wasser kurz dünsten.
3. In die Geflügelbrüste jeweils eine Tasche schneiden, das Gemüse hineinfüllen und die Öffnungen mit Holzstäbchen zusammenstecken.
4. Das Fleisch von beiden Seiten jeweils mit Salz, Pfeffer und Paprikapulver würzen und etwa 30 Minuten unter dem Grill garen. Anschließend abkühlen lassen.
5. Den Joghurt mit den Kräutern, den Gewürzen und dem Zitronensaft zu einer Soße verrühren und diese getrennt zu der kalten Geflügelbrust servieren.

ca. 155 kcal • 1 g F • 29 g E • 4 g KH • 0 BE

## Putenschnitzel in Würzsoße

Zubereitungszeit: ca. 30 Min.

Für 1 und 3 Personen

| | | |
|---|---|---|
| 1 | 3 | kleine Putenschnitzel (à 120 g) |
| | | Salz |
| | | gemahlener Pfeffer |
| ½ TL | 10 g | Diätmargarine |
| 10 g | 30 g | Zwiebel |
| 5 g | 15 g | Tomatenmark |
| 10 ml | 30 ml | Rotwein |
| 1 Msp. | ¾ TL | Senf |
| | | flüssiger Süßstoff |
| | | gemahlene Nelken |
| | | Zimt |
| ½ | 1½ | Meßlöffel pflanzliches Bindemittel |

**1.** Die Schnitzel mit Salz und Pfeffer würzen. Die Margarine in einer Pfanne erhitzen, die Schnitzel jeweils von beiden Seiten darin anbraten und anschließend aus der Pfanne nehmen.
**2.** Die Zwiebel würfeln und mit dem Tomatenmark in der Fleischpfanne kurz anrösten. Etwa 75 bzw. 225 Milliliter Wasser und den Rotwein angießen. Das Fleisch wieder in die Pfanne geben und etwa 15 Minuten garen.
**3.** Die Soße mit Salz, Pfeffer, Senf, etwas Süßstoff, Nelken und Zimt würzen. Nach Belieben das Bindemittel hineinrühren und die Soße nach Packungsanweisung binden. Die Putenschnitzel in der Soße servieren.

ca. 170 kcal • 4 g F • 29 g E • 1 g KH • 0 BE

## Geflügelleber

Zubereitungszeit: ca. 20 Min.

Für 1 und 3 Personen

| | | |
|---|---|---|
| ½ TL | 10 g | Diätmargarine |
| 100 g | 300 g | Geflügelleber |
| | | gemahlener Pfeffer |
| | | Paprikapulver |
| | | Majoran |
| 20 g | 60 g | Apfel |
| | | Salz |
| ½ | 1½ | Meßlöffel pflanzliches Bindemittel |

**1.** Die Margarine in einer Pfanne erhitzen und die Leber darin anbraten. Mit Pfeffer, Paprikapulver und Majoran würzen.
**2.** Den Apfel grob würfeln, zu der Leber geben und kurz mit anbraten.
**3.** Etwa 50 bzw. 150 Milliliter Wasser angießen und die Leber bei geringer Hitze etwa 15 Minuten garen.
**4.** Das Ganze mit Salz würzen, nach Belieben das Bindemittel in die Soße rühren und diese nach Packungsanweisung binden.

ca. 180 kcal • 7 g F • 22 g E • 4 g KH • 0 BE

## Champignonsoße

Zubereitungszeit:
ca. 15 Min.

Für 1 und 3 Personen

| 50 g | 150 g | Champignons, aus der Dose |
| 50 ml | 150 ml | entfettete Fleischbrühe |
| | | Salz |
| | | gemahlener Pfeffer |
| ½ TL | 10 g | Kondensmilch 7,5 % F. |
| ½ | 1 ½ | Meßlöffel pflanzliches Bindemittel |
| | | gehackte Petersilie |

**1.** Die Champignons abtropfen lassen, kleine Pilze halbieren und größere vierteln.
**2.** Die Pilze mit der Fleischbrühe in einen Topf geben und mit Salz und Pfeffer würzen. Die Kondensmilch hinzufügen und alles erhitzen.
**3.** Das Bindemittel in die Soße rühren und diese nach Packungsanweisung binden. Zuletzt die gehackte Petersilie darunterziehen.

ca. 45 kcal • 13 g F • 2 g E • 2 g KH • 0 BE

### Tip
Die Champignonsoße kann man auch mit frischen Pilzen zubereiten. Sie paßt gut zu Gerichten mit Kalbfleisch oder Hackfleisch.

## Curryrahmsoße

Zubereitungszeit:
ca. 15 Min.

Für 1 und 3 Personen

| 10 g | 30 g | Apfel |
| 10 g | 30 g | Zwiebel |
| 50 ml | 150 ml | entfettete Fleischbrühe |
| 10 g | 30 g | Sahne 28 % F. |
| | | Salz |
| | | Currypulver |
| ½ | 1 ½ | Meßlöffel pflanzliches Bindemittel |

**1.** Den Apfel waschen und das Fruchtfleisch in Würfel schneiden. Die Zwiebel ebenfalls würfelig schneiden.
**2.** Die Apfel- und Zwiebelwürfel mit der Fleischbrühe in einen Topf geben und weich dünsten.
**3.** Das Ganze im Mixer oder mit dem Pürierstab pürieren und die Sahne unterziehen. Die Soße mit Salz und Currypulver abschmecken, das Bindemittel hineinrühren und die Soße nach Packungsanweisung binden.

ca. 45 kcal • 4 g F • 1 g E • 2 g KH • 0 BE

### Tip
Die Curryrahmsoße paßt gut zu Geflügel- und Schweinefleischgerichten.

## Meerrettichsahne

Zubereitungszeit:
ca. 10 Min.

Für 1 und 3 Personen

30 g  90 g  Magerquark
Salz
gemahlener Pfeffer
10 g  30 g  geriebener
Meerrettich
etwas Zitronensaft
5 g  15 g  Sahne 28% F.
flüssiger Süßstoff

**1.** Den Quark mit Salz, Pfeffer, Meerrettich und etwas Zitronensaft glattrühren.
**2.** Die Sahne unter die Creme heben. Das Ganze nach Belieben mit wenig Süßstoff abschmecken.

ca. 45 kcal • 2 g F • 4 g E • 3 g KH • 0 BE

**Tip**
Die Meerrettichsahne paßt gut zu kaltem Fleisch oder Fisch, z. B. zu Kasseler, Roastbeef, Zunge und Forelle.

## Quarkremoulade

Zubereitungszeit:
ca. 15 Min.

Für 1 und 3 Personen

5 g   15 g  hart gekochtes Ei
10 g  30 g  Gewürzgurke
2     6     Kapern
20 g  60 g  Magerquark
Salz
gemahlener Pfeffer
Essig
gehackte gemischte
Kräuter (Petersilie, Kerbel)
½ TL  10 g  Zwiebelwürfel

**1.** Das Ei und die Gewürzgurke in kleine Würfel schneiden und die Kapern hacken.
**2.** Den Quark mit Salz, Pfeffer, wenig Essig und den gehackten Kräutern glattrühen und die Zwiebelwürfel sowie die vorbereiteten Zutaten darunterziehen.

ca. 25 kcal • 1 g F • 4 g E • 1 g KH • 0 BE

**Tip**
Die Quarkremoulade paßt gut zu kaltem Fleisch, z. B. zu Kasseler und Roastbeef, und zu Fleisch- und Gemüsesülzen.

**Fleisch und Fisch**

## Überbackener Seefisch

Zubereitungszeit:
ca. 30 Min.
Vorheizen des Backofens
auf 225° C
Backzeit: ca. 15 Min.

Für 1 und 3 Personen

| | | |
|---|---|---|
| 15 g | 45 g | Zwiebel |
| 10 g | 30 g | Porree |
| | | Salz |
| | | gemahlener Pfeffer |
| ½ | 1 ½ | Lorbeerblätter |
| 150 g | 450 g | Seefischfilet (Kabeljau) |
| | | etwas Zitronensaft |
| 30 g | 90 g | Tomaten |
| 20 g | 60 g | gekochter Schinken |
| | | gehackte Petersilie |
| | | Schnittlauch, in Röllchen |
| ¼ | ¾ | Knoblauchzehe |
| 20 g | 60 g | Schnittkäse 45 % F. i. Tr. |

**1.** Die Zwiebel fein hacken. Etwa 150 bzw. 450 Milliliter Wasser mit zwei Dritteln der Zwiebeln, dem Porree, Salz, Pfeffer und den Lorbeerblättern in einen Topf geben und aufkochen lassen.
**2.** In der Zwischenzeit den Fisch mit dem Zitronensaft und Salz würzen und in dem Sud etwa 10 Minuten ziehen, nicht kochen lassen.
**3.** Die Tomaten kurz mit heißem Wasser überbrühen, die Haut abziehen und das Fruchtfleisch würfeln. Den Schinken ebenfalls würfeln.
**4.** Die restlichen Zwiebeln in einigen Eßlöffeln Fischsud dünsten. Die Tomaten- und Schinkenwürfel zu den Zwiebeln geben, kurz erhitzen und das Ganze mit Petersilie, Schnittlauch, zerdrücktem Knoblauch und Salz abschmecken.
**5.** Den Fisch aus dem Sud heben, abtropfen lassen und in eine feuerfeste Form legen. Die Tomaten-Schinken-Zwiebel-Masse darauf verteilen und den Käse darauflegen.
**6.** Die Form auf die oberste Schiene in den Ofen stellen und den Fisch etwa 15 Minuten überbacken, bis der Käse geschmolzen ist.

ca. 250 kcal • 9 g F •
36 g E • 1 g KH • 0 BE

## Buntes Fischragout

Zubereitungszeit:
ca. 30 Min.

Für 1 und 3 Personen

| | | |
|---|---|---|
| 130 g | 400 g | Kabeljaufilet |
| | | etwas Zitronensaft |
| | | Salz |
| 50 g | 150 g | Champignons, aus der Dose |
| 30 g | 90 g | grüne Paprikaschote |
| 10 g | 30 g | Zwiebel |
| ½ TL | 10 g | Diätmargarine |
| 20 g | 60 g | Tomaten |
| | | gemahlener Pfeffer |
| | | Paprikapulver |
| | | gehackte Petersilie |

**1.** Den Fisch in mundgerechte Würfel schneiden und mit etwas Zitronensaft und Salz würzen.
**2.** Die Champignons abtropfen lassen und je nach Größe halbieren oder vierteln. Die Paprikaschote waschen. Die Zwiebel und die Paprikaschote in Streifen schneiden.
**3.** Die Margarine in einem Topf erhitzen und die Zwiebelstreifen darin glasig dünsten. Die Fischwürfel, die Champignons und die Paprikastreifen dazugeben, etwa 150 bzw. 450 Milliliter Wasser angießen und den Fisch und das Gemüse etwa 10 Minuten dünsten.
**4.** Die Tomaten kurz mit heißem Wasser überbrühen, die Haut abziehen und die Tomaten vierteln. Die Kerne entfernen und das Fruchtfleisch grob würfeln. Die Tomatenwürfel in den Topf geben und alles nochmals kurz aufkochen lassen.
**5.** Die Soße mit Salz, Pfeffer und Paprikapulver würzen und die gehackte Petersilie zuletzt darüberstreuen.

ca. 155 kcal • 3 g F •
25 g E • 4 g KH • 0 BE

**Variation**
Statt Kabeljaufilet können Sie für das Ragout auch Seelachs oder Schellfisch verwenden.

## Kabeljaufilet auf Gemüse

Zubereitungszeit: ca. 25 Min.

Für 1 und 3 Personen

| | | |
|---|---|---|
| 150 g | 450 g | Kabeljaufilet |
| | | etwas Zitronensaft |
| | | Salz |
| | | gemahlener Pfeffer |
| 10 g | 30 g | Möhre |
| 10 g | 30 g | Porree |
| 10 g | 30 g | Knollensellerie |
| ½ TL | 10 g | Diätmargarine |
| | | gehackte Petersilie |

**1.** Das Fischfilet mit etwas Zitronensaft beträufeln und mit Salz und Pfeffer würzen. Anschließend gut durchziehen lassen.
**2.** In der Zwischenzeit die Möhre, den Porree und den Sellerie in feine Streifen schneiden.
**3.** Die Margarine in einem Topf erhitzen und das Gemüse darin kurz anbraten. Etwa 50 bzw. 150 Milliliter Wasser angießen und den Fisch auf das Gemüse legen. Alles im geschlossenen Topf etwa 10 Minuten dünsten.
**4.** Das Gemüse mit Salz und Pfeffer abschmecken, auf Teller geben, die Fischfilets darauf anrichten und zuletzt mit Petersilie bestreuen.

ca. 155 kcal • 3 g F • 27 g E • 2 g KH • 0 BE

**Fleisch und Fisch**

## Fischfilet ungarische Art

Zubereitungszeit:
ca. 25 Min.

Für 1 und 3 Personen

| | | |
|---|---|---|
| 150 g | 450 g | Kabeljaufilet |
| 1 Spritzer Worcestersoße | | |
| etwas Zitronensaft | | |
| 5 g | 15 g | durchwachsener Speck |
| 10 g | 30 g | Zwiebel |
| 40 g | 120 g | rote Paprikaschote |
| 20 g | 60 g | Salatgurke |
| 5 g | 15 g | Tomatenmark |
| Salz | | |
| gemahlener Pfeffer | | |
| Basilikum | | |
| ½ TL | 10 g | Diätmargarine |

**1.** Das Fischfilet mit Worcestersoße und etwas Zitronensaft würzen und anschließend gut durchziehen lassen.
**2.** In der Zwischenzeit den Speck und die Zwiebel fein würfeln. Die Paprikaschote und die Gurke in Streifen schneiden.
**3.** Den Speck in einem Topf auslassen, die Zwiebelwürfel dazugeben und mit anbraten. Das Tomatenmark hinzufügen und kurz mitrösten. Etwa 50 bzw. 150 Milliliter Wasser angießen und die Paprika- und die Gurkenstreifen dazugeben.

**4.** Das Ganze mit Salz, Pfeffer und Basilikum würzen und kurz dünsten.
**5.** Inzwischen die Margarine in einer Pfanne erhitzen und den Fisch darin 5 bis 10 Minuten braten. Das Fischfilet anschließend auf einem Teller anrichten. Das Gemüse nochmals abschmecken und über den Kabeljau streichen.

ca. 195 kcal • 7 g F • 28 g E • 3 g KH • 0 BE

## Forellen in Rotwein

Zubereitungszeit:
ca. 15 Min.
Vorheizen des Backofens
auf 220° C
Garzeit im Ofen:
ca. 30 Min.

Für 1 und 3 Personen

| | | |
|---|---|---|
| 1 | 3 | ausgenommene Forelle(n) (à 200 g) |
| | | wenig Zitronensaft |
| | | Salz |
| | | gemahlener Pfeffer |
| | | gehackte Petersilie |
| | | gehackter Estragon |
| 40 ml | 120 ml | Rotwein |
| 50 g | 150 g | Champignons, aus der Dose |
| ½ TL | 10 g | Diätmargarine |
| 10 g | 30 g | saure Sahne |

**1.** Die Forelle(n) mit dem Zitronensaft beträufeln, jeweils auf ein Stück Alufolie legen und die Kanten leicht hochdrücken. Den Fisch mit Salz, Pfeffer und den gehackten Kräutern würzen.
**2.** Die Hälfte des Rotweins jeweils dazugießen, die Folie(n) verschließen und den Fisch auf ein Backblech legen.
**3.** Das Blech auf die mittlere Schiene in den Ofen schieben und die Forelle(n) etwa 30 Minuten garen.
**4.** In der Zwischenzeit die Champignons abtropfen lassen und würfeln.
**5.** Die Margarine in einer Pfanne erhitzen und die Champignonwürfel darin anbraten. Etwa 30 bzw. 90 Milliliter Wasser angießen und den restlichen Rotwein und die Sahne darunterrühren.
**6.** Die Soße mit Salz und Pfeffer abschmecken. Die Forelle(n) aus den Folien wickeln und auf einer Platte anrichten. Evtl. etwas Kochsud aus den Folien zur Soße geben und diese über die Forelle(n) gießen.

ca. 210 kcal • 8 g F • 23 g E • 2 g KH • 0 BE

## Schellfischfilet Kieler Art

Zubereitungszeit: ca. 20 Min.

Für 1 und 3 Personen

| 150 g | 450 g | Schellfisch-filet |
| | | etwas Zitronensaft |
| | | Salz |
| 5 g | 15 g | durchwachsener Speck |
| 40 g | 120 g | Tomaten |
| | | gehackte Petersilie |
| | | gehackte Zitronenmelisse |

**1.** Den Fisch mit dem Zitronensaft beträufeln, salzen und gut durchziehen lassen.
**2.** In der Zwischenzeit den Speck fein würfeln und in einer Pfanne auslassen. Das Fischfilet hineinlegen, etwa 50 bzw. 150 Milliliter Wasser angießen und den Schellfisch in der geschlossenen Pfanne kurz dünsten.
**3.** Die Tomaten kurz mit heißem Wasser überbrühen, die Haut abziehen und das Fruchtfleisch grob würfeln.
**4.** Den Fisch aus der Pfanne nehmen, auf einer Platte anrichten und warm stellen. Die Tomatenwürfel in den Fischsud geben, aufkochen lassen, mit den Gewürzen abschmecken und über den Fisch verteilen.
**5.** Zuletzt die Petersilie und gehackte Melisseblättchen darüberstreuen.

ca. 160 kcal • 4 g F • 28 g E • 2 g KH • 0 BE

## Fischfrikadellen in Tomatensoße

Zubereitungszeit: ca. 30 Min.

Für 1 und 3 Personen

| 150 g | 450 g | Seefischfilet (Kabeljau oder Schellfisch) |
| 15 ml | 45 ml | Zitronensaft |
| | | Salz |
| 5 g | 15 g | Zwiebel |
| 10 g | 30 g | Ei |
| ½ TL | 10 g | Semmelbrösel |
| | | gemahlener Pfeffer |
| | | Schnittlauch, in Röllchen |
| 5 g | 15 g | Diätmargarine |
| 50 ml | 150 ml | Tomatensaft |

**1.** Das Fischfilet mit einem Teil des Zitronensaftes und Salz würzen und durch den Fleischwolf drehen. Die Zwiebel fein hacken.
**2.** Den Fisch, die Zwiebel, das Ei und die Semmelbrösel mischen. Die Masse mit Salz, Pfeffer und Schnittlauch pikant würzen und daraus 1 bzw. 3 Frikadellen formen.
**3.** Die Margarine in einer Pfanne erhitzen und die Frikadellen darin knusprig braten.
**4.** Den Tomatensaft in einem Topf erhitzen, mit dem restlichen Zitronensaft, Salz und Pfeffer würzen. Die Frikadellen auf einer Platte anrichten und die Soße darübergießen.

ca. 195 kcal • 6 g F • 29 g E • 3 g KH • 0 BE

## Dillsoße

Zubereitungszeit:
ca. 10 Min.

Für 1 und 3 Personen

| 50 ml | 150 ml | Fischfond (Fertigprodukt) |
| 10 ml | 30 ml | Kondensmilch 7,5 % F. |
| | | Salz |
| ½ | 1½ | Meßlöffel pflanzliches Bindemittel |
| | | gehackter Dill |

**1.** Den Fischfond mit der Kondensmilch in einem Topf erhitzen und mit wenig Salz abschmecken.
**2.** Das Bindemittel in die Soße rühren und diese nach Packungsanweisung binden. Den Dill zuletzt darunterziehen.

ca. 15 kcal • 1 g F • 1 g E • 1 g KH • 0 BE

**Tip**
Diese Soße paßt gut zu gedünstetem Fischfilet.

## Senfsoße

Zubereitungszeit:
ca. 10 Min.

Für 1 und 3 Personen

| 50 ml | 150 ml | entfettete Fleischbrühe oder Fischfond (Fertigprodukt) |
| ½ | 1½ | Meßlöffel pflanzliches Bindemittel |
| 5 g | 15 g | Diätmargarine |
| ½ TL | 10 g | scharfer Senf |
| | | Salz |

**1.** Die Fleischbrühe oder den Fischfond in einem Topf erhitzen und das Bindemittel hineinrühren. Die Brühe nach Packungsanweisung binden.
**2.** Die Margarine und den Senf mit einem Schneebesen darunterschlagen. Die Soße nach Belieben mit wenig Salz abschmecken.

ca. 40 kcal • 4 g F • 0 g E • 0 g KH • 0 BE

**Tip**
Diese Soße paßt gut zu warmen Eierspeisen und gedünstetem oder gebratenem Fischfilet.

**Fleisch und Fisch** 97

# AUFLÄUFE UND PIKANTE GERICHTE

Mit etwas Phantasie lassen sich kleine warme Gerichte in vielen Variationen zubereiten. Die Anregungen dazu im folgenden Kapitel reichen vom Krabbencocktail bis zur Pizza, vom süßen Auflauf bis zum Würstchen im Teig. Einige Gerichte sind bereits komplette Mahlzeiten, die man noch mit einem frischen Blattsalat ergänzen kann. Berücksichtigen Sie den unterschiedlichen Energiegehalt der Speisen, wenn Sie Ihre tägliche Kalorienzufuhr begrenzen möchten. Wollen Sie Aufläufe portionsweise zubereiten, können Sie kleine hitzebeständige Förmchen aus Keramik oder aus Aluminiumfolie benutzen.

## Champignon-nudeln

Zubereitungszeit: ca. 25 Min.

Für 1 und 3 Personen

| | | |
|---|---|---|
| 60 g | 180 g | Makkaroni |
| | Salz | |
| 80 g | 240 g | Champignons, aus der Dose |
| 10 g | 30 g | Zwiebel |
| 1 Zweig | 2 Zweige | Estragon |
| 5 g | 15 g | Sonnenblumenöl |
| | gemahlener Pfeffer | |
| | gehackte Petersilie | |

**1.** Die Makkaroni in 300 bzw. 900 Millilitern leicht gesalzenem Wasser bißfest kochen, abtropfen lassen und in etwa 2 Zentimeter lange Stücke schneiden.
**2.** Die Champignons in ½ Zentimeter große Würfel schneiden. Die Zwiebel fein würfeln, die Blättchen des Estragon abzupfen und hacken.
**3.** Das Öl in einer Pfanne erhitzen und die Champignon- und Zwiebelwürfel darin anbraten.
**4.** Die Nudelstücke darunterheben, mit Pfeffer und Salz abschmecken und zuletzt den Estragon und die Petersilie darüberstreuen.

ca. 275 kcal • 7 g F • 10 g E • 41 g KH • 3 BE

**Tip**
Dazu schmeckt ein Tomatensalat.

Aufläufe und pikante Gerichte

### Grüne Nudeln mit Chicorée

Zubereitungszeit:
ca. 30 Min.

Für 1 und 3 Personen

60 g  180 g  grüne
Bandnudeln
Salz
100 g  300 g  Chicorée
5 ml  15 ml  Zitronensaft
5 g  15 g  roher Schinken
5 ml  15 ml  Öl
gemahlener Pfeffer

**1.** Die Nudeln in 300 bzw. 900 Millilitern leicht gesalzenem Wasser kochen und abtropfen lassen.
**2.** Den Chicorée ohne den bitteren Strunk schräg in etwa 3 Zentimeter breite Streifen schneiden und in dem Zitronensaft schwenken. Den Schinken in kleine Würfel schneiden.
**3.** Das Öl in einer Pfanne erhitzen und die Chicoréestreifen darin unter Rühren andünsten, den Schinken dazugeben und mit Pfeffer und wenig Salz abschmecken. Die Nudeln unter den Chicorée heben und alles nochmals kurz erhitzen.

ca. 290 kcal • 9 g F •
10 g E • 42 g KH • 3 BE

## Würstchen im Teig

Zubereitungszeit:
ca. 1 ½ Std.
Vorheizen des Backofens
auf 200°C
Backzeit: ca. 20 Min.

Für 1 und 3 Personen

| | | |
|---|---|---|
| 50 g | 150 g | Quarkblätterteig (siehe Rezept Seite 164) |
| 50 g | 150 g | Wiener Würstchen |
| 5 g | 15 g | Ei |

1. Den Blätterteig nach Rezeptanweisung herstellen und rechteckig ausrollen.
2. Daraus ein bzw. drei Rechtecke schneiden und die Würstchen jeweils darin einwickeln. Die Teigenden umschlagen und andrücken.
3. Die Teigstücke dünn mit Ei bestreichen, auf ein Blech legen und die Würstchen im Teig etwa 20 Minuten backen.

ca. 355 kcal • 26 g F •
12 g E • 13 g KH • 1 BE

**Tip**
Dazu schmeckt ein frischer Blattsalat.

## Nudelauflauf mit Tomatensoße

Zubereitungszeit:
ca. 30 Min.
Vorheizen des Backofens
auf 180°C
Garzeit im Ofen: ca. 15 Min.

Für 1 und 3 Personen

| | | |
|---|---|---|
| 40 g | 80 g | Nudeln |
| | | Salz |
| 30 g | 90 g | gekochter Schinken |
| 10 g | 30 g | Schnittkäse 45% F. i. Tr. |
| 20 g | 60 g | Ei |
| | | gemahlener Pfeffer |
| 50 g | 150 g | entfettete Fleischbrühe |
| 10 g | 30 g | Tomatenmark |
| | | Paprikapulver |
| | | Zitronensaft |

1. Die Nudeln in leicht gesalzenem Wasser kochen und abtropfen lassen. Schinken und Käse in feine Würfel schneiden.
2. Die Eier mit 15 bzw. 45 Millilitern Wasser, Salz und Pfeffer verschlagen. Alle Zutaten mischen und in eine feuerfeste Form füllen.
3. Die Form in den Ofen auf die mittlere Schiene stellen und den Auflauf etwa 15 Minuten garen, bis das Ei gestockt ist.
4. Für die Tomatensoße die Fleischbrühe mit dem Tomatenmark mischen, aufkochen und mit Salz, Pfeffer, Paprikapulver und wenig Zitronensaft abschmecken.

ca. 285 kcal • 10 g F •
17 g E • 28 g KH • 2 BE

**Tip**
Dazu schmeckt ein Endiviensalat mit der Sauce rheinische Art (siehe Rezept Seite 53).

102 Aufläufe und pikante Gerichte

## Auberginenauflauf

Zubereitungszeit:
ca. 20 Min.
Vorheizen des Backofens
auf 200°C
Garzeit im Ofen: ca. 10 Min.

Für 1 und 3 Personen

| | | |
|---|---|---|
| 120 g | 360 g | Auberginen mit Schale, Salz |
| 20 g | 60 g | Zwiebeln |
| 5 g | 15 g | Tomaten gemahlener Pfeffer |
| ½ | 1 | Knoblauchzehe gerebelter Oregano |
| 5 g | 15 g | geriebener Parmesan |

**1.** Die Aubergine waschen und in fingerdicke Scheiben schneiden. Diese in leicht gesalzenem Wasser kurz blanchieren und abtropfen lassen.
**2.** Die Zwiebeln in Ringe schneiden. Die Margarine in einem Topf erhitzen und die Zwiebelringe darin andünsten.
**3.** Die Tomaten waschen, grob würfeln, dazugeben und alles zu einer Soße einkochen lassen. Diese mit Salz, Pfeffer, zerdrücktem Knoblauch und Oregano würzen.
**4.** Die Auberginenscheiben und die Soße abwechselnd in eine feuerfeste Form geben und mit dem Parmesan bestreuen. Die Form in den Ofen auf die mittlere Schiene stellen und den Auflauf etwa 10 Minuten backen.

ca. 105 kcal • 6 g F • 5 g E • 8 g KH • 0 BE

**Tip**
Dazu schmeckt ein Risotto (siehe Rezept Seite 63).

**Aufläufe und pikante Gerichte**

104   Aufläufe und pikante Gerichte

## Pizza

Zubereitungszeit:
ca. 65 Min.
Vorheizen des Backofens
auf 180° C
Backzeit: ca. 20 Min.

Für 1 und 3 Personen

**Teig:**
75 g  225 g  Hefeteig
(siehe Rezept Seite 144)
Salz

**Belag:**
20 g  60 g  Salami
20 g  60 g  Schnittkäse
45 % F. i. Tr.
30 g  90 g  Paprikaschote
30 g  90 g  Champignons,
aus der Dose
10 g  30 g  Tomatenmark
3  9  Oliven, Oregano

**1.** Den Hefeteig nach Rezeptanweisung, jedoch statt mit Süßstoff mit Salz, zubereiten. Während der Teig geht, die Zutaten für den Belag vorbereiten.
**2.** Dazu die Salami, den Käse und die Paprikaschote in Streifen, die abgetropften Champignons in Scheiben schneiden.
**3.** Den Teig etwa ½ Zentimeter dick ausrollen und auf ein leicht gefettetes Backblech legen.
**4.** Den Teig mit dem Tomatenmark bestreichen und die geschnittenen Zutaten und die Oliven gleichmäßig darauf verteilen. Mit Oregano bestreuen.
**5.** Die Pizza etwa 20 Minuten backen.

ca. 405 kcal • 20 g F •
16 g E • 39 g KH • 3 BE

**Tip**
Dazu schmeckt ein gemischter frischer Salat.

## Gemüsetaschen

Zubereitungszeit:
ca. 30 Min.
Vorheizen des Backofens
auf 170° C
Backzeit: ca. 25 Min.

Für 1 und 3 Personen

70 g  210 g  TK-Blätterteig
60 g  180 g  Paprikaschoten
60 g  180 g  Champignons, aus der Dose
60 g  180 g  Sojabohnenkeimlinge
20 g  60 g  Zwiebeln
Paprikapulver
gemahlener Pfeffer, Salz
gehackte Petersilie

**1.** Den Blätterteig auftauen lassen. Die Paprikaschoten in feine Streifen schneiden.
**2.** Die Champignons in Scheiben schneiden.
**3.** 50 bzw. 150 Milliliter Wasser erhitzen und die Paprikastreifen, die Champignonscheiben und die Bohnenkeimlinge darin dünsten. Die Zwiebeln in feine Würfel schneiden.
**4.** Das Kochwasser abgießen und das Gemüse mit den Zwiebelwürfeln, Paprikapulver, Pfeffer und wenig Salz würzen, zuletzt die Petersilie dazugeben.
**5.** Den Blätterteig in 2 bzw. 6 Rechtecke ausrollen. Das Gemüse gleichmäßig darauf verteilen.
**6.** Die Längsseiten der Teigstücke aufeinanderlegen und die Taschen jeweils an den 3 Seiten zusammendrücken.
**7.** Die Gemüsetaschen auf ein Backblech legen, das Blech mit wenig Wasser besprizten und die Gemüsetaschen etwa 25 Minuten backen.

ca. 360 kcal • 25 g F •
7 g E • 26 g KH • 2 BE

**Tip**
Dazu schmeckt ein Kopfsalat mit Gurken in Kräuterdressing (siehe Seite 44).

## Zwiebelkuchen

Zubereitungszeit:
ca. 65 Min.
Vorheizen des Backofens
auf 175° C
Backzeit: ca. 40 Min.

Für 24 Stücke

**Teig:**
350 g Mehl
1 Päckchen Trockenhefe
Salz
200 ml lauwarmes Wasser
70 g Öl

**Belag:**
1,5 kg Zwiebeln
150 g magerer Schinkenspeck
240 g Ei (4 Stück)
250 ml fettarme Milch
Paprikapulver
gemahlener Pfeffer
Majoran

**1.** Das Mehl mit der Trockenhefe und dem Salz mischen. Zusammen mit dem Wasser und dem Öl zu einem glatten Teig kneten.
**2.** Den Teig zugedeckt an einem warmen Ort etwa 30 Minuten gehen lassen.
**3.** In der Zwischenzeit die Zwiebeln in Ringe und den Schinkenspeck in feine Würfel schneiden. Den Schinkenspeck in einen Topf geben und bei geringer Hitze auslassen. Die Zwiebelringe hinzufügen und unter häufigem Wenden etwa 10 Minuten dünsten.
**4.** Den Teig nochmals durchkneten, etwa ½ Zentimeter dick ausrollen und ein leicht gefettetes Backblech damit auslegen. Einen kleinen Rand hochdrücken.
**5.** Die Zwiebel-Schinken-Mischung gleichmäßig auf dem Teig verteilen. Die Eier mit der Milch und den Gewürzen verschlagen und gleichmäßig über den Zwiebelkuchen gießen.
**6.** Den Zwiebelkuchen etwa 40 Minuten backen, anschließend in 24 Stücke schneiden.

1 Stück enthält
ca. 135 kcal • 5 g F •
5 g E • 15 g KH • 1 BE

**Tip**
Dazu schmeckt ein Kopfsalat in Joghurtdressing (siehe Rezept Seite 44).

## Schweinefilet in Aspik

Zubereitungszeit
(ohne Kühlzeit):
ca. 30 Min.

Für 1 und 3 Personen

| | | |
|---|---|---|
| 1½ | 4½ | Blatt weiße Gelatine |
| 150 ml | 450 ml | entfettete Fleischbrühe |
| | | Salz, Essig |
| 5 ml | 15 ml | Weißwein |
| 10 g | 30 g | Möhre |
| 5 g | 15 g | grüne Paprikaschote |
| 30 g | 90 g | gegrilltes oder in wenig Öl gebratenes Schweinefilet |
| 1 | 3 | Eischeiben |
| | | Petersilienblätchen |

**1.** Die Gelatine etwa 10 Minuten in kaltem Wasser einweichen. Die Fleischbrühe in einem Topf erwärmen und mit Salz, Essig und dem Weißwein kräftig würzen.
**2.** Die Gelatine in die warme, nicht kochende Brühe rühren und darin auflösen. Einen Teil der Fleischbrühe als Spiegel in 1 bzw. 3 Schälchen gießen und im Kühlschrank fest werden lassen.
**3.** In der Zwischenzeit die Möhre und die Paprikaschote in Streifen, das Fleisch in fingerdicke Scheiben schneiden.
**4.** Die Möhren und die Paprikastreifen, die Fleisch- und die Eischeiben mit Petersilienblättchen dekorativ auf dem Geleespiegel verteilen. Die restliche Brühe vorsichtig darübergießen und die Sülze im Kühlschrank fest werden lassen.

ca. 160 kcal • 9 g F • 16 g E • 1 g KH • 0 BE

## Schinkenhörnchen mit Spinat

Zubereitungszeit (ohne Auftauzeit): ca. 30 Min.

Für 1 und 3 Personen

| | | |
|---|---|---|
| 150 g | 450 g | TK-Blattspinat |
| 60 g | 180 g | Hörnchennudeln |
| | | Salz |
| 20 g | 60 g | gekochter Schinken |
| 10 g | 30 g | Zwiebel |
| ¼ | ¾ | Knoblauchzehe |
| 5 ml | 15 ml | Olivenöl |
| 100 ml | 300 ml | entfettete Fleischbrühe |
| 10 g | 30 g | süße Sahne 28 % F. |
| | | gemahlener Pfeffer |
| | | geriebene Muskatnuß |

**1.** Den Spinat nach Packungsanweisung auftauen lassen und grob hacken.
**2.** Die Nudeln in leicht gesalzenem Wasser bißfest kochen und abtropfen lassen. Den Schinken in kleine Würfel schneiden, Zwiebel und Knoblauch ebenfalls fein würfeln.
**3.** Das Öl in einer Pfanne erhitzen, die Zwiebel- und die Knoblauchwürfel darin glasig braten, die Brühe und die Sahne angießen und die Flüssigkeit auf etwa die Hälfte einkochen lassen.
**4.** Den Spinat, den Schinken und die Nudeln dazugeben und mischen. Mit Pfeffer, Muskatnuß und Salz abschmecken und warm servieren.

ca. 370 kcal • 14 g F • 17 g E • 43 g KH • 3 BE

## Ragout fin

Zubereitungszeit: ca. 1 Stunde
Vorheizen des Backofens auf 200° C
Backzeit: ca. 10 Min.

Für 1 und 3 Personen

| | | |
|---|---|---|
| | | Salz |
| 80 g | 250 g | magere Kalbsbrust |
| ½ | 1 ½ | Lorbeerblätter |
| 1 | 3 | Nelken |
| 40 g | 120 g | Zwiebeln |
| 5 ml | 15 ml | Weißwein |
| ½ TL | 10 ml | Kondensmilch 7,5 % F. |
| | | gemahlener Pfeffer |
| | | Zitronensaft |
| | | 1 Spritzer Worcestersoße |
| ½ | 1 ½ | Meßlöffel pflanzliches Bindemittel |
| 30 g | 90 g | Champignons, aus der Dose |
| 5 g | 15 g | geriebener Parmesan |

**1.** 300 bzw. 900 Milliliter Salzwasser aufkochen, die Kalbsbrust mit den Lorbeerblättern und den mit Nelken gespickten Zwiebeln hineingeben und etwa 45 Minuten garen.
**2.** Das Fleisch herausnehmen und abkühlen lassen. ⅓ Tasse der Kalbfleischbrühe mit dem Weißwein, der Kondensmilch, Salz, Pfeffer, etwas Zitronensaft und Worcestersoße mischen und in einen Topf geben. Das Bindemittel hineinrühren und die Soße nach Packungsanweisung binden.
**3.** Die Champignons abtropfen lassen, je nach Größe halbieren oder vierteln. Das ausgekühlte Fleisch in kleine Würfel schneiden und mit den Champignons in die Soße geben.
**4.** Das Ganze in eine feuerfeste Form füllen, mit dem Parmesan bestreuen und das Ragout fin etwa 10 Minuten überbacken.

ca. 150 kcal • 7 g F • 18 g E • 2 g KH • 0 BE

### Tip
Es schmeckt sehr gut, wenn Sie das heiße Ragout fin in warmen Blätterteigpastetchen servieren (siehe Rezept „Quarkblätterteig" Seite 164).

## Bunte Gemüsesülze

Zubereitungszeit
(ohne Kühlzeit):
ca. 30 Min.

Für 1 und 3 Personen

| | | |
|---|---|---|
| 1 | 3 | Blatt weiße Gelatine |
| 100 ml | 300 ml | entfettete Fleischbrühe |
| | | Salz |
| | | Essig |
| 5 ml | 15 ml | Weißwein |
| 15 g | 45 g | Möhre |
| 40 g | 120 g | Champignons, aus der Dose |
| 40 g | 120 g | Spargel, aus der Dose |
| 15 g | 45 g | Erbsen, aus der Dose |

**1.** Die Gelatine etwa 10 Minuten in kaltem Wasser einweichen. Die Fleischbrühe erwärmen und mit Salz, Essig und dem Weißwein kräftig abschmecken.
**2.** Die Gelatine in die heiße, nicht kochende Brühe rühren und darin auflösen. Einen Teil der Fleischbrühe als Spiegel in 1 bzw. 3 Schälchen gießen, in den Kühlschrank stellen und fest werden lassen.
**3.** In der Zwischenzeit die Möhren in Scheiben schneiden und in wenig Salzwasser garen. Anschließend abkühlen lassen.

**4.** Die Champignons, den Spargel und die Erbsen abtropfen lassen. Pilze und Spargel in mundgerechte Stücke schneiden.
**5.** Das Gemüse dekorativ auf dem Geleespiegel anordnen, die restliche Fleischbrühe vorsichtig darübergießen und die Sülze im Kühlschrank fest werden lassen.
**6.** Die Form kurz in heißes Wasser tauchen und die Sülze stürzen.

ca. 45 kcal • 1 g F • 5 g E • 5 g KH • 0 BE

**Tip**
Dazu schmeckt ein Kartoffelsalat (siehe Rezept Seite 116).

## Geflügelsülze

Zubereitungszeit (ohne Kühlzeit): ca. 30 Min.

Für 1 und 3 Personen

| | | |
|---|---|---|
| 1½ | 4½ | Blatt weiße Gelatine |
| 75 ml | 225 ml | entfettete Hühnerbrühe |
| 30 ml | 90 ml | Weißwein |
| | | Salz |
| 30 g | 90 g | Möhren |
| 45 g | 135 g | gekochtes Hühnerfleisch |
| 40 g | 120 g | Magerjoghurt |
| | | gemahlener Pfeffer |
| | | Essig |
| | | gehackter Dill |
| | | gehackter Estragon |
| | | gehackte Petersilie |

**1.** Die Gelatine etwa 10 Minuten in kaltem Wasser einweichen. Die Hühnerbrühe und den Weißwein mischen, in einem Topf erwärmen und mit Salz würzen.

**2.** Die Gelatine in die warme, nicht kochende Flüssigkeit rühren und auflösen. Einen Teil der Hühnerbrühe als Spiegel in 1 bzw. 3 Schälchen gießen, in den Kühlschrank stellen und fest werden lassen.

**3.** In der Zwischenzeit die Möhren in dünne Scheiben schneiden, in wenig Salzwasser garen und abkühlen lassen. Das Hühnerfleisch in 1 Zentimeter große Würfel schneiden.

**4.** Die Möhrenscheiben an den Rand der Form auf den Geleespiegel legen und die Fleischwürfel auf die ganze Fläche verteilen. Die restliche Hühnerbrühe darübergießen und die Sülze(n) im Kühlschrank fest werden lassen.

**5.** Kurz vor dem Servieren den Joghurt mit Salz, Pfeffer, Essig und den gehackten Kräutern zu einer Soße verrühren. Die Form mit der Sülze kurz in heißes Wasser tauchen, die Sülze(n) stürzen und die Soße darübergießen.

ca. 135 kcal • 1 g F • 21 g E • 4 g KH • 0 BE

## Fischfilet in Currymayonnaise

Zubereitungszeit:
ca. 15 Min.
Marinierzeit: ca. 1 Tag

Für 1 und 3 Personen

10 g   30 g   Zwiebel
5 ml   15 ml   Essig
einige Senfkörner
Salz
55 g   165 g   gekochtes Fischfilet (Kabeljau)
20 g   60 g   Magerjoghurt
10 g   30 g   Mayonnaise 80 % F.
gemahlener Pfeffer
Currypulver
Paprikapulver

**1.** Die Zwiebel in grobe Würfel schneiden und mit 50 bzw. 150 Millilitern Wasser, Essig, den Senfkörnern und Salz verrühren.
**2.** Das Fischfilet in diese Marinade einlegen und etwa 1 Tag durchziehen lassen.
**3.** Kurz vor dem Servieren den Joghurt mit der Mayonnaise, Salz, Pfeffer, Curry- und Paprikapulver verrühren. Diese Soße über das abgetropfte marinierte Fischfilet geben.

ca. 150 kcal • 9 g F • 14 g E • 2 g KH • 0 BE

**Tip**
Dazu schmecken Roggentoast und ein Feldsalat (siehe Rezept Seite 45).

## Pochierte Eier dänische Art

Zubereitungszeit:
ca. 15 Min.

Für 1 und 3 Personen

40 g   120 g   Magerjoghurt
5 g   15 g   Tomatenmark
20 g   60 g   Tomate
20 g   60 g   Gewürzgurke
20 g   60 g   Krabbenfleisch
Salz, gemahlener Pfeffer
1 Spritzer Worcestersoße
gehackte Petersilie
Essig
1 Ei   3 Eier

**1.** Den Joghurt mit dem Tomatenmark verrühren. Die Tomate und die Gurke in Streifen schneiden.
**2.** Beides mit dem Krabbenfleisch unter die Joghurtsoße heben.
**3.** Die Soße mit Salz, Pfeffer, Worcestersoße und der Hälfte der gehackten Petersilie abschmecken.
**4.** 450 ml Milliliter Wasser mit etwas Essig zum Kochen bringen. Das Ei (die Eier) in eine Schöpfkelle schlagen und vorsichtig in das nur leicht kochende Essigwasser gleiten lassen.
**5.** Knapp unter dem Siedepunkt die Eier etwa 3 Minuten stocken lassen, herausheben, abtropfen und abkühlen lassen.
**6.** Die Eier mit der Soße überziehen und die restliche Petersilie darüberstreuen.

ca. 145 kcal • 7 g F • 14 g E • 4 g KH • 0 BE

**Tip**
Dazu schmecken Roggentoast und ein Eisbergsalat in Käsedressing (siehe Rezept Seite 46).

## Chicoréetoast

Zubereitungszeit:
ca. 25 Min.
Vorheizen des Backofens
(Oberhitze oder Grill)
Backzeit: ca. 4 Min.

Für 1 und 3 Personen

| 100 g | 300 g Chicorée |
| etwas Zitronensaft |
| Salz |
| 25 g | 75 g Weißbrot (1 bzw. 3 Scheiben) |
| 30 g | 90 g gekochter Schinken (1 bzw. 3 Scheiben) |
| 20 g | 60 g geriebener Käse 45 % F. i. Tr. |
| 30 g | 90 g Magerjoghurt |
| Paprikapulver |
| gemahlener Pfeffer |

**1.** Den Chicorée halbieren. Etwa 50 bzw. 150 Milliliter Wasser mit wenig Zitronensaft und Salz zum Kochen bringen und den Chicorée ohne den bitteren Strunk darin etwa 10 Minuten garen.
**2.** Den Chicorée herausnehmen und abtropfen lassen.
**3.** Die Weißbrotscheibe(n) toasten, mit dem Schinken belegen und die Chicoréehälften daraufgeben.
**4.** Den Käse mit dem Joghurt mischen und mit Paprikapulver, Salz und Pfeffer würzen. Die Soße über den Chicorée streichen und den Toast etwa 4 Minuten überbacken.

ca. 230 kcal • 10 g F • 17 g E • 5 g KH • 1 BE

**Tip**
Dazu schmeckt eine Tomatencremesuppe (siehe Rezept Seite 20).

## Chicorée Mailänder Art

Zubereitungszeit:
ca. 20 Min.
Vorheizen des Backofens
auf 200° C
Backzeit: ca. 10 Min.

Für 1 und 3 Personen

| 150 g | 450 g entfettete Fleischbrühe |
| 200 g | 600 g Chicorée |
| Salz |
| gemahlener Pfeffer |
| 80 g | 250 g gekochter Schinken (2 bzw. 6 Scheiben) |
| 20 g | 60 g geriebener Schnittkäse 45 % F. i. Tr. |

**1.** Die Fleischbrühe zum Kochen bringen, den Chicorée ohne den bitteren Strunk darin einige Minuten blanchieren und anschließend gut abtropfen lassen.
**2.** Jede Chicoréestaude mit Salz und Pfeffer würzen, in eine Schinkenscheibe einwickeln und alle in eine feuerfeste Form legen.
**3.** Den Käse darüberstreuen und den Chicorée etwa 10 Minuten überbacken.

ca. 285 kcal • 17 g F • 26 g E • 3 g KH • 0 BE

**Tip**
Dazu schmecken Kümmelkartoffeln (siehe Rezept Seite 56).

**Aufläufe und pikante Gerichte**

## Schinkentoast

Zubereitungszeit:
ca. 10 Min.
Vorheizen des Grills
Backzeit: ca. 5 Min.

Für 1 und 3 Personen

| 25 g | 75 | Weißbrot |
|---|---|---|
| | | (1 bzw. 3 Scheiben) |
| 20 g | 60 g | gekochter Schinken |
| 10 g | 30 g | Apfel |
| 20 g | 60 g | Schnittkäse 45% F.i.Tr. |

1. Das Weißbrot toasten und mit dem Schinken belegen.
2. Das Apfelstück in Scheiben schneiden, auf den Schinken geben und mit dem Käse belegen. Den Toast etwa 5 Minuten überbacken.

ca. 190 kcal • 9 g F • 12 g E • 14 g KH • 1 BE

**Tip**
Dazu schmeckt ein Bohnen-Tomaten-Salat (siehe Rezept Seite 48).

## Italienischer Toast

Zubereitungszeit:
ca. 10 Min.
Vorheizen des Backofens
(Oberhitze oder Grill)
Backzeit: ca. 5 Min.

Für 1 und 3 Personen

| 25 g | 75 g | Weißbrot |
|---|---|---|
| | | (1 bzw. 3 Scheiben) |
| 10 g | 30 g | Tomatenmark |
| ¼ | ¾ | Knoblauchzehe |
| | | gerebelter Oregano |
| | | Thymian |
| 10 g | 30 g | Zwiebel |
| 30 g | 90 g | Tomate |
| 2 | 6 | Oliven |
| 20 g | 60 g | Salami |
| 20 g | 60 g | Schnittkäse (1 bzw. 3 Scheiben) 45% F.i.Tr. |

1. Die Weißbrotscheibe(n) toasten. Das Tomatenmark mit zerdrücktem Knoblauch, Oregano und Thymian mischen und den Toast mit der Masse bestreichen.
2. Die Zwiebel in feine Streifen schneiden, die Tomate und die Oliven in Scheiben schneiden.
3. Die Zwiebelstreifen in 30 bzw. 90 Millilitern Wasser dünsten.
4. Den Toast nacheinander mit den Zwiebelstreifen, den Tomatenscheiben, der Salami, dem Käse und den Olivenscheiben belegen und etwa 5 Minuten überbacken. Der Käse sollte goldgelb und geschmolzen sein.

ca. 275 kcal • 17 g F • 12 g E • 15 g KH • 1 BE

**Tip**
Dazu schmeckt ein Kopfsalat mit Gurken in Kräuterdressing (siehe Rezept Seite 44).

## Spargeltoast

Zubereitungszeit:
ca. 10 Min.
Vorheizen des Backofens
(Oberhitze oder Grill)
Backzeit: ca. 5 Min.

Für 1 und 3 Personen

| 25 g | 75 g | Weißbrot |
|---|---|---|
| | | (1 bzw. 3 Scheiben) |
| 40 g | 120 g | Kalbsbraten |
| 80 g | 250 g | Spargel, aus der Dose |
| | | Salz |
| | | gemahlener Pfeffer |
| 20 g | 60 g | Schnittkäse (1 bzw. 3 Scheiben) 45% F.i.Tr. |

1. Das Weißbrot toasten und mit dem Kalbsbraten belegen.
2. Den Spargel in Stücke schneiden und darauf verteilen. Mit Salz und Pfeffer würzen und mit Käse belegen. Den Toast etwa 5 Minuten überbacken.

ca. 215 kcal • 7 g F • 21 g E • 14 g KH • 1 BE

**Tip**
Dazu schmeckt eine gebundene Ochsenschwanzsuppe (siehe Rezept Seite 22).

Aufläufe und pikante Gerichte 113

## Teufelssalat

Zubereitungszeit:
ca. 15 Min.

Für 1 und 3 Personen

40 g 120 g gekochtes Rindfleisch
20 g 60 g Gewürzgurken
40 g 120 g eingelegte Tomatenpaprika
40 g 120 g Tomaten
20 g 60 g eingelegte Perlzwiebeln
½ TL 10 g Sonnenblumenöl
Salz
Essig
einige Tropfen Tabascosoße
Schnittlauch, in Röllchen

1. Das Fleisch, die Gurken und die Paprikaschoten in feine Streifen schneiden.
2. Die Tomaten grob würfeln. Alles mit den Perlzwiebeln mischen.
3. Das Öl mit Salz, Essig, wenig Tabascosoße und der Hälfte der Schnittlauchröllchen verrühren. Diese Marinade unter die Salatzutaten heben.
4. Den Salat gut durchziehen lassen, nochmals pikant abschmecken und mit dem restlichen Schnittlauch bestreuen.

ca. 145 kcal • 8 g F • 14 g E • 4 g KH • 0 BE

**Tip**
Dazu schmecken Vollkornbrot und der Salat in eine Paprikaschote gefüllt.

## Badischer Fleischsalat

Zubereitungszeit:
ca. 15 Min.

Für 1 und 3 Personen

40 g 120 g magerer Schweinebraten
50 g 150 g Salatgurke
40 g 120 g Tomaten
50 g 150 g Champignons, aus der Dose
5 g 15 g Zwiebel
20 g 60 g Magerjoghurt
Salz
gemahlener Pfeffer
¼ ¾ Knoblauchzehe
Essig
Schnittlauch, in Röllchen
flüssiger Süßstoff

1. Das Fleisch und die Gurke in Streifen schneiden. Die Tomaten in Streifen, die Champignons in Scheiben schneiden. Die Zwiebel hacken.
2. Den Joghurt mit Salz, Pfeffer, der zerdrückten Knoblauchzehe, Essig und dem Schnittlauch verrühren und nach Belieben mit etwas Süßstoff abschmecken.
3. Die Salatzutaten mit der Soße mischen und den Salat kurz durchziehen lassen.

ca. 215 kcal • 15 g F • 13 g E • 5 g KH • 0 BE

**Tip**
Dazu paßt mit Diätmargarine bestrichenes Vollkornbrot.

## Mexikanischer Fleischsalat

Zubereitungszeit:
ca. 15 Min.

Für 1 und 3 Personen

60 g 180 g mageres gegrilltes oder gekochtes Kasseler
20 g 60 g Gewürzgurken
30 g 90 g eingelegte Tomatenpaprika
30 g 90 g Maiskörner, aus der Dose
15 g 45 g Magerjoghurt
5 g 15 g Mayonnaise 80 % F.
Salz
gemahlener Pfeffer
Essig
Kresse

1. Das Kasseler, die Gurken und die Tomatenpaprika in Streifen schneiden und mit den Maiskörnern mischen.
2. Den Joghurt mit der Mayonnaise, Salz, Pfeffer, Essig und Kresse verrühren, die Soße mit den Salatzutaten mischen und den Salat kurz durchziehen lassen.

ca. 295 kcal • 19 g F • 20 g E • 7 g KH • ½ BE

**Tip**
Dazu schmecken Röstkartoffeln (siehe Tip zu Rezept „Berner Rosti" Seite 58).

## Reissalat

Zubereitungszeit:
ca. 45 Min.

Für 1 und 3 Personen

30 g 90 g roher Reis
Salz
15 g 45 g Möhre
40 g 120 g mageres gekochtes oder gegrilltes Schweinefleisch
15 g 45 g Erbsen, aus der Dose
10 g 30 g Magerjoghurt
5 g 15 g Mayonnaise 80 % F.
½ TL 10 g Tomatenmark
gemahlener Pfeffer
¼ ¾ Knoblauchzehe

1. Den Reis in 150 bzw. 450 Millilitern leicht gesalzenem Wasser etwa 25 Minuten garen, das Wasser abgießen und den Reis abkühlen lassen.
2. In der Zwischenzeit die Möhre fein würfeln und in wenig Wasser garen.
3. Das Fleisch fein würfeln und zusammen mit den Möhrenwürfeln und den Erbsen unter den Reis mischen.
4. Den Joghurt mit der Mayonnaise, dem Tomatenmark, Salz, Pfeffer und zerdrücktem Knoblauch verrühren, die Soße unter die Salatzutaten heben und den Salat etwa 15 Minuten durchziehen lassen.

ca. 345 kcal • 19 g F • 14 g E • 27 g KH • 2 BE

**Tip**
Dazu schmeckt ein Radieschensalat (siehe Tip zu dem Rezept Salat „Astor" Seite 45).

Aufläufe und pikante Gerichte 115

## Kartoffelsalat

Zubereitungszeit:
ca. 45 Min.
Zeit zum Durchziehen:
ca. 2 Stunden

Für 1 und 3 Personen

| | | |
|---|---|---|
| 160 g | 480 g | Pellkartoffeln |
| 20 g | 60 g | gekochter Schinken |
| 10 g | 30 g | Gewürzgurke |
| 10 g | 30 g | Zwiebel |
| | | Schnittlauch, in Röllchen |
| 5 g | 15 g | Mayonnaise 80 % F. |
| 5 g | 15 g | Magerjoghurt |
| 5 ml | 15 ml | Gurkenwasser |
| | | Essig |
| | | Salz |
| | | gemahlener Pfeffer |

**1.** Die gekochten, kalten Kartoffeln in Scheiben schneiden.
**2.** Den Schinken, die Gurke und die Zwiebel fein hacken und mit dem Schnittlauch vorsichtig unter die Kartoffelscheiben heben.
**3.** Die Mayonnaise mit dem Joghurt, dem Gurkenwasser und Essig zu einer Soße verrühren. Diese unter die Salatzutaten heben, den Salat mit Salz und Pfeffer abschmecken und etwa 2 Stunden durchziehen lassen.

ca. 200 kcal • 7 g F • 8 g E • 26 g KH • 2 BE

**Tip**
Dazu schmeckt ein Gurken-Paprika-Salat in Joghurtdressing (siehe Variation zu dem Rezept Kopfsalat in Joghurtdressing Seite 44).

## Krabbencocktail

Zubereitungszeit:
ca. 15 Min.

Für 1 und 3 Personen

| | | |
|---|---|---|
| 30 g | 90 g | Magerjoghurt |
| 1/3 TL | 10 g | Tomatenmark |
| 1/2 TL | 10 ml | Weinbrand |
| | | etwas Zitronensaft |
| | | Salz |
| | | gemahlener Pfeffer |
| | | flüssiger Süßstoff |
| 30 g | 90 g | Spargel, aus der Dose |
| 2 | 6 | Mandeln |
| 10 g | 30 g | Apfel |
| 30 g | 90 g | Krabbenfleisch |
| | | gehackte Petersilie |

**1.** Den Joghurt mit dem Tomatenmark, dem Weinbrand, etwas Zitronensaft, Salz und Pfeffer verrühren und nach Belieben mit Süßstoff abschmecken.
**2.** Den Spargel in etwa 1 Zentimeter große Stücke schneiden. Die Mandeln überbrühen, die Schalen abziehen und die Mandeln grob hacken. Den Apfel grob raspeln.
**3.** Das Krabbenfleisch und alle restlichen Zutaten mit der Soße mischen und den Salat abschmecken. Vor dem Servieren die Petersilie darüberstreuen.

ca. 75 kcal • 2 g F • 8 g E • 4 g KH • 0 BE

**Tip**
Dazu schmecken frisches Baguette und Streifen von Staudensellerie und Chicoréeblätter.

## Geflügelsalat „Oriental"

Zubereitungszeit:
ca. 15 Min.

Für 1 und 3 Personen

| | | |
|---|---|---|
| 40 g | 120 g | gekochtes Hühnerfleisch |
| 20 g | 60 g | Apfel |
| 25 g | 75 g | Pfirsiche, gedünstet |
| 15 g | 45 g | Mandarinen |
| 30 g | 90 g | Magerjoghurt |
| 5 ml | 15 ml | Zitronensaft |
| | | Salz |
| | | Currypulver |
| | | 1 Spritzer Worcestersoße |

**1.** Das Hühnerfleisch grob würfeln. Den Apfel ebenfalls grob würfeln.
**2.** Die Pfirsiche und die Mandarinen in etwa halb so große Würfel schneiden.
**3.** Den Joghurt mit dem Zitronensaft, Salz, Currypulver und Worcestersoße verrühren, die Salatzutaten vorsichtig unterheben und den Salat gut durchziehen lassen.

ca. 125 kcal • 4 g F • 14 g E • 8 g KH • 1/2 BE

**Tip**
Dazu schmeckt ein dünn mit Butter bestrichener Toast.

Aufläufe und pikante Gerichte 117

## Westfälischer Salat

Zubereitungszeit:
ca. 15 Min.

Für 1 und 3 Personen

| | | |
|---|---|---|
| 60 g | 180 g | Schwartenmagen |
| 30 g | 90 g | Gewürzgurken |
| 20 g | 60 g | gekochte rote Beten |
| 15 g | 45 g | Zwiebel |
| ½ TL | 10 ml | Öl |

etwas Gurkenwasser
Salz
gemahlener Pfeffer
Essig
gehackte Petersilie

1. Den Schwartenmagen, die Gurken, die roten Beten und die Zwiebel würfeln.
2. Das Öl mit etwas Gurkenwasser, Salz, Pfeffer und Essig verrühren, die Salatzutaten mit der Soße mischen und den Salat einige Zeit durchziehen lassen. Zuletzt die Petersilie darüberstreuen.

ca. 195 kcal • 15 g F • 9 g E • 3 g KH • 0 BE

**Tip**
Dazu schmecken Kartoffelplätzchen (siehe Rezept Seite 58).

## Käsesalat

Zubereitungszeit:
ca. 15 Min.

Für 1 und 3 Personen

| | | |
|---|---|---|
| 50 g | 150 g | Edamer 30 % F. i. Tr. |
| 20 g | 60 g | gekochter Schinken |
| 25 g | 75 g | Gewürzgurken |
| 25 g | 75 g | Tomaten |
| 5 ml | 15 ml | Gurkenwasser |

Essig
Salz
gemahlener Pfeffer
Schnittlauch, in Röllchen

1. Den Käse, den Schinken und die Gurken in feine Streifen schneiden.
2. Die Tomaten ebenfalls in Streifen schneiden.
3. Das Gurkenwasser mit Essig, Salz, Pfeffer und dem Schnittlauch verrühren, die Salatzutaten darunterheben und den Salat gut durchziehen lassen.

ca. 185 kcal • 11 g F • 18 g E • 1 g KH • 0 BE

**Tip**
Dazu schmecken eine Bouillon „Gärtnerin" (siehe Rezept Seite 18) und Dreikornbrot.

## Eiersalat

Zubereitungszeit:
ca. 15 Min.

Für 1 und 3 Personen

| 1 | 3 | hart gekochte Eier |
| 40 g | 120 g | gekochter Schinken |
| 60 g | 180 g | Tomaten |
| 20 g | 60 g | Magerquark |
| 15 g | 45 g | Magerjoghurt |

Salz
gemahlener Pfeffer
gehackte Petersilie

**1.** Die Eier in Scheiben schneiden. Den Schinken und die Tomaten würfeln.
**2.** Alle Zutaten mischen. Den Quark mit dem Joghurt, Salz und Pfeffer verrühren und die Soße vorsichtig unter die Salatzutaten heben.
**3.** Den Salat kurz durchziehen lassen und die Petersilie zuletzt darüberstreuen.

ca. 220 kcal • 12 g F • 20 g E • 4 g KH • 0 BE

### Tip
Dazu schmeckt dünn mit Diätmargarine bestrichenes Weizenmischbrot.

## Münsterländer Quark

Zubereitungszeit:
ca. 15 Min.

Für 1 und 3 Personen

| 60 g | 180 g | Magerquark |
| 10 g | 30 g | gekochter Schinken |
| 10 g | 30 g | Zwiebelwürfel |

Salz
gemahlener Pfeffer
Paprikapulver
Schnittlauch, in Röllchen

**1.** Den Quark mit 1 bzw. 3 Eßlöffel(n) Wasser cremig rühren, den Schinken fein würfeln und mit den Zwiebelwürfeln dazugeben.
**2.** Den Quark mit Salz, Pfeffer, Paprikapulver und Schnittlauch würzen und gekühlt essen.

ca. 70 kcal • 2 g F • 10 g E • 3 g KH • 0 BE

### Tip
Dazu schmecken Pellkartoffeln oder Kümmelkartoffeln (siehe Rezept Seite 56).

**Aufläufe und pikante Gerichte**

## Quarkauflauf mit Kirschen

Zubereitungszeit:
ca. 15 Min.
Vorheizen des Backofens
auf 200°C
Backzeit: ca. 15 Min.

Für 1 und 3 Personen

| | | |
|---|---|---|
| 100 g | 300 g | Magerquark |
| 10 g | 30 g | Eigelb |
| (½ | 1½ | Stück) |
| 5 g | 15 g | Grieß |
| 5 ml | 15 ml | Zitronensaft |

geriebene Schale von
½  1  unbehandelten
Zitrone
flüssiger Süßstoff
Salz

| | | |
|---|---|---|
| 60 g | 180 g | entsteinte Sauerkirschen (Dunstobst) |
| 20 g | 60 g | Eiweiß |

**1.** Den Quark mit Eigelb, Grieß und evtl. etwas Wasser glattrühren und mit Zitronensaft, der Zitronenschale, Süßstoff und Salz abschmecken.
**2.** Die Kirschen abtropfen lassen und dazugeben. Die Eiweiße steif schlagen und vorsichtig unter die Masse heben.
**3.** Die Quarkcreme in eine feuerfeste Form füllen, diese auf die mittlere Schiene in den Backofen stellen und den Auflauf etwa 15 Minuten backen.

ca. 170 kcal • 4 g F •
18 g E • 14 g KH • 1 BE

## Milchreis

Zubereitungszeit:
ca. 45 Min.

Für 1 und 3 Personen

| | | |
|---|---|---|
| 125 g | 375 g | fettarme Milch |
| 20 g | 60 g | Milchreis |
| 20 g | 60 g | Sahne 28% F. |

flüssiger Süßstoff
Zimt

**1.** Die Milch aufkochen, den Reis hineingeben und im geschlossenen Topf etwa 30 Minuten bei geringer Wärmezufuhr ausquellen lassen.
**2.** Den Reis anschließend unter gelegentlichem Rühren abkühlen lassen.
**3.** Die Sahne steif schlagen und unter den abgekühlten Reisbrei ziehen. Den Milchreis mit Süßstoff abschmecken und mit Zimt bestreut servieren.

ca. 195 kcal • 9 g F • 6 g E •
22 g KH • 2 BE

**Tip**
Dazu schmecken frische oder gedünstete Apfelscheiben.

120  Aufläufe und pikante Gerichte

## Apfel-Quark-Auflauf

Zubereitungszeit:
ca. 15 Min.
Vorheizen des Backofens
auf 200° C
Backzeit: ca. 15 Min.

Für 1 und 3 Personen

| 60 g | 180 g | Apfel |
| 100 g | 300 g | Magerquark |
| 10 g | 30 g | Eigelb |
| (½ | 1½ | Stück) |
| 5 g | 15 g | Grieß |
| etwas Zitronensaft | | |
| flüssiger Süßstoff | | |
| Salz | | |
| 15 g | 45 g | Eiweiß |

**1.** Den Apfel auf einer groben Reibe in 1 bzw. 3 feuerfeste Förmchen oder eine größere Form raspeln.
**2.** Den Quark evtl. mit etwas Wasser, den Eigelben, dem Grieß, Zitronensaft, Süßstoff und einer Prise Salz verrühren.
**3.** Die Eiweiße zu steifem Schnee schlagen und vorsichtig darunterheben.
**4.** Die Quarkmasse über die geraspelten Äpfel streichen und den Auflauf etwa 15 Minuten backen.

ca. 170 kcal • 4 g F •
18 g E • 15 g KH • 1 BE

**Aufläufe und pikante Gerichte**

# SÜSSSPEISEN UND KONFITÜREN

Süßspeisen sind für viele ein beliebter Abschluß einer Mahlzeit. Sie erfreuen nicht nur den Gaumen, sondern auch das Auge, wenn sie hübsch angerichtet serviert werden.
Bei Verwendung geeigneter Süßungsmittel lassen sich köstliche Desserts für Diabetiker herstellen. Es lohnt sich, die folgenden Rezepte am besten gleich für die ganze Familie auszuprobieren.
Ein besonderes Lob gilt oft selbstgemachten Marmeladen, Konfitüren und Gelees. Nutzen Sie das jahreszeitliche Angebot frischer Früchte. Die Zubereitung mit Gelierhilfen ist einfach, wie Ihnen unsere Rezepte beweisen. Sie können Ihre Konfitürensorte häufiger wechseln und stets frisch genießen, wenn Sie sie nach dem Kochen in kleine Gläser füllen.

## Buttermilchgelee

Zubereitungszeit
(ohne Kühlzeit):
ca. 10 Min.

Für 1 und 3 Personen

| 1 | 3 Blatt weiße Gelatine |
| 150 ml | 450 ml Buttermilch |
| ½ TL | 10 g Zitronensaft |
| | flüssiger Süßstoff |

**1.** Die Gelatine etwa 5 Minuten in kaltem Wasser einweichen.
**2.** In der Zwischenzeit die Buttermilch mit dem Zitronensaft und Süßstoff abschmecken.
**3.** Die Gelatine ausdrükken, in wenig heißem Wasser auflösen. Mit der Buttermilch verrühren.
**4.** In eine Puddingform füllen und im Kühlschrank fest werden lassen.
**5.** Vor dem Servieren die Form kurz in heißes Wasser stellen und den Gelee auf eine Platte stürzen.

ca. 60 kcal • 1 g F • 7 g E • 6 g KH • ½ BE

## Rote Grütze

Zubereitungszeit
(ohne Kühlzeit):
ca. 20 Min.

Für 1 und 3 Personen

| ½ | 1½ Blatt rote Gelatine |
| 55 g | 165 g Johannisbeeren |
| 8 g | 25 g Sago |
| | flüssiger Süßstoff |
| 10 g | 30 g Sahne 28% F. |

**1.** Die Gelatine etwa 5 Minuten in kaltem Wasser einweichen.
**2.** Die Johannisbeeren mit etwa 150 bzw. 450 Millilitern Wasser und dem Sago in einen Topf geben und unter Rühren aufkochen lassen.
**3.** Den Sago bei geringer Hitzezufuhr langsam ausquellen lassen, bis er glasig ist.
**4.** Die Gelatine ausdrükken und in der heißen, nicht mehr kochenden Flüssigkeit auflösen. Alles gut verrühren und mit flüssigem Süßstoff abschmecken.
**5.** Die rote Grütze in Schälchen füllen und kalt stellen. Vor dem Servieren die flüssige Sahne über die Grütze gießen.

ca. 85 kcal • 3 g F • 2 g E • 12 g KH • 1 BE

## Westfälische Speise

Zubereitungszeit
(ohne Kühlzeit):
ca. 15 Min.

Für **1** und **3** Personen

| ½ | 1 ½ | Blatt weiße Gelatine |
| 25 g | 75 g | entkernte Sauerkirschen, frisch oder als Kompott ohne Zucker |
| 125 g | 375 g | Kefir 3,5 % F. |
| | | etwas Zitronensaft |
| | | flüssiger Süßstoff |
| 5 g | 15 g | Schwarzbrot oder Pumpernickel |

**1.** Die Gelatine etwa 5 Minuten in kaltem Wasser einweichen.
**2.** Die Gelatine ausdrücken und in wenig heißem Wasser auflösen. Den Kefir mit der aufgelösten Gelatine verrühren und mit Zitronensaft und Süßstoff abschmecken.
**3.** Die Sauerkirschen unter den Kefir heben, die Masse in **1** bzw. **3** Schälchen füllen. Im Kühlschrank fest werden lassen.
**4.** Das Schwarzbrot oder den Pumpernickel fein reiben und zuletzt darüberstreuen.

ca. 115 kcal • 5 g F • 6 g E • 11 g KH • 1 BE

## Birnengelee „Baroneß"

Zubereitungszeit
(ohne Kühlzeit):
ca. 15 Min.

Für **1** und **3** Personen

| 1 | 3 | Blatt weiße Gelatine |
| 60 ml | 180 ml | Rotwein |
| 30 g | 90 g | Birnensaft (Dunstobstsaft) |
| | | etwas Zitronensaft |
| 90 g | 270 g | Birnen (Konserve ohne Zuckerzugabe) |
| | | flüssiger Süßstoff |

**1.** Die Gelatine etwa 5 Minuten in kaltem Wasser einweichen.
**2.** Den Rotwein mit dem Birnensaft erwärmen. Die Gelatine ausdrücken und in der heißen, nicht mehr kochenden, Flüssigkeit auflösen. Das Ganze mit Zitronensaft und Süßstoff abschmecken.
**3.** Die Birnenhälften in **1** bzw. **3** Glasschälchen legen, mit der Flüssigkeit übergießen und das Dessert kalt stellen.
**4.** Die Mandeln grob hacken und in einer Pfanne ohne Fettzugabe goldbraun rösten. Anschließend abkühlen lassen und über das erkaltete nach Belieben gestürzte Gelee streuen.

ca. 115 kcal • 2 g F • 3 g E • 11 g KH • 1 BE

## Welfencreme

Zubereitungszeit
(ohne Kühlzeit):
ca. 30 Min.

Für 1 und 3 Personen

| 8 g | 25 g | Stärkemehl |
| 120 ml | 360 ml | fettarme Milch |
| Mark von ¼ | ¾ | Vanilleschote |
| flüssiger Süßstoff | | |
| 5 g | 15 g | Eiweiß |
| 30 g | 90 g | Ei |
| 25 ml | 75 ml | Weißwein |
| Zitronensaft | | |

**1.** Das Stärkemehl mit einem Teil der Milch glattrühren. Die restliche Milch mit dem Vanillemark aufkochen lassen.
**2.** Das angerührte Stärkemehl hineinrühren und das Ganze nochmals aufkochen lassen, bis die Stärke bindet.
**3.** Den Topf vom Herd nehmen, den Flammeri mit Süßstoff abschmecken und abkühlen lassen.
**4.** In der Zwischenzeit das Eiweiß zu festem Schnee schlagen und den Eischnee unter den Flammeri heben. Diese in 1 bzw. 3 Schälchen füllen und kalt stellen.
**5.** Die Eier mit dem Wein in einer hohen Rührschüssel verschlagen und die Masse im heißen Wasserbad so lange schlagen, bis eine dickliche, schaumige Soße entsteht. Die warme Soße mit Süßstoff und Zitronensaft abschmecken und über den eventuell gestürzten Flammeri gießen.

ca. 155 kcal • 5 g F • 9 g E • 13 g KH • 1 BE

## Erdbeercreme

Zubereitungszeit
(ohne Kühlzeit):
ca. 20 Min.

Für 1 und 3 Personen

| ½ | 1 ½ | Blatt weiße Gelatine |
| 190 g | 570 g | Erdbeeren |
| flüssiger Süßstoff | | |
| Zitronensaft | | |
| 10 g | 30 g | Eiweiß |

**1.** Die Gelatine etwa 5 Minuten in kaltem Wasser einweichen.
**2.** Die Erdbeeren waschen und mit dem Pürierstab oder im Mixer pürieren.
**3.** Die Gelatine ausdrücken, auflösen und mit dem Püree verrühren.
**4.** Das Fruchtmus mit Süßstoff und Zitronensaft abschmecken. Die Erdbeercreme in eine Schüssel füllen und kalt stellen.
**5.** Wenn die Creme zu gelieren beginnt, das Eiweiß steif schlagen und den Eischnee vorsichtig unterziehen. Die Erdbeercreme kalt stellen.

ca. 75 kcal • 1 g F • 4 g E • 12 g KH • 1 BE

### Variation
Dieses Dessert schmeckt auch als Orangencreme sehr gut. Bereiten Sie aus 1 bzw. 3 Blättern weißer Gelatine, 60 ml bzw. 180 ml Orangensaft und 60 g bzw. 180 g Orangenfilets wie oben beschrieben einen Gelee zu und ziehen Sie ebenfalls den Eischnee von 10 g bzw. 30 g Eiweiß unter die anstockende Creme.

ca. 65 kcal • 0 g F • 4 g E • 12 g KH • 1 BE

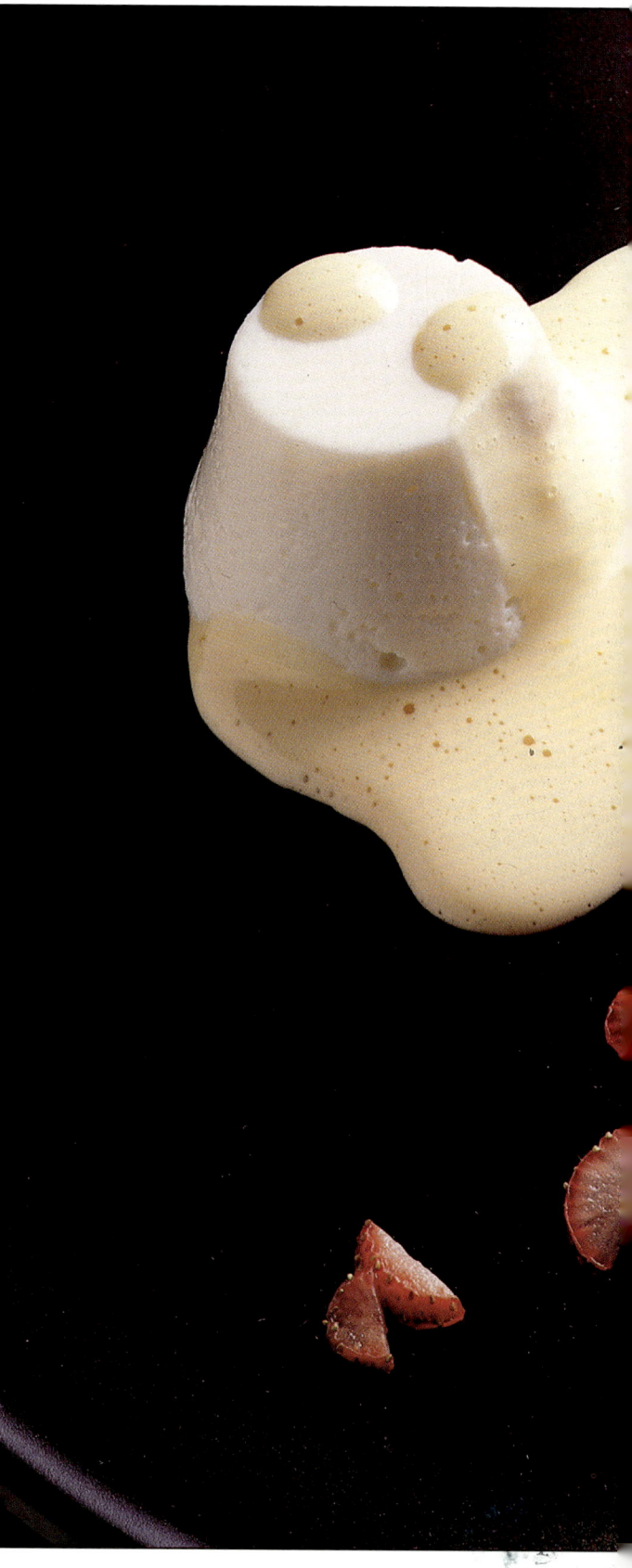

## Schokoladencreme

Zubereitungszeit
(ohne Kühlzeit):
ca. 20 Min.

Für 1 und 3 Personen

| 125 ml | 375 ml | fettarme Milch |
| 6 g | 20 g | Vanillepudding-pulver |
| ½ TL | 10 g | Kakao |
| | | flüssiger Süßstoff |
| 10 g | 30 g | Eiweiß |

**1.** Die Milch bis auf wenige Eßlöffel in einen Topf geben und erhitzen.
**2.** Das Puddingpulver mit dem Kakao mischen und mit der übriggelassenen kalten Milch glattrühren.
**3.** Die Mischung in die heiße Milch rühren und die Creme kurz aufkochen lassen, bis sie bindet. Anschließend leicht abkühlen lassen.
**4.** Den Pudding mit Süßstoff abschmecken, das Eiweiß zu festem Schnee schlagen und unter die noch warme Speise heben. Diese kalt stellen.

ca. 100 kcal • 3 g F • 6 g E • 12 g KH • 1 BE

**Konfitüren und Süßspeisen 127**

## Aprikosenschnee

Zubereitungszeit
(ohne Kühlzeit):
ca. 20 Min.

Für 1 und 3 Personen

| | | |
|---|---|---|
| 120 g | 360 g | Aprikosen mit Stein |
| | | flüssiger Süßstoff |
| | | Zitronensaft |
| ½ | 1½ | Blatt weiße Gelatine |
| 10 g | 30 g | Eiweiß |

**1.** Die Aprikosen waschen. Etwa 75 bzw. 225 Milliliter Wasser in einem Topf zum Kochen bringen und die Aprikosen in dem Wasser blanchieren.
**2.** Die Aprikosen herausnehmen, die Haut abziehen und die Steine entfernen. Das Blanchierwasser mit Süßstoff und Zitronensaft abschmecken und aufkochen.
**3.** Die Aprikosen hineingeben und im geschlossenen Topf garen. In der Zwischenzeit die Gelatine etwa 5 Minuten in kaltem Wasser einweichen.
**4.** Die gedünsteten Früchte mit dem Saft mit einem Schneebesen verrühren oder im Mixer pürieren. Die Gelatine ausdrücken, in dem noch warmen Aprikosenpüree auflösen und dieses abkühlen lassen.
**5.** Das Eiweiß zu Schnee schlagen und den Eischnee unter das anstockende Aprikosenpüree ziehen. Den Aprikosenschnee in Glasschälchen füllen und kalt stellen.

ca. 60 kcal • 0 g F • 3 g E • 12 g KH • 1 BE

## Pfirsichhalbgefrorenes

Zubereitungszeit:
ca. 15 Min.
Gefrierzeit: ca. 3 Std.

Für 1 und 3 Personen

| | | |
|---|---|---|
| 20 g | 60 g | Ei |
| 5 g | 15 g | Fruchtzucker |
| 70 g | 210 g | Pfirsiche, aus der Dose, ohne Zuckerzusatz |
| 20 g | 60 g | Sahne 28 % F. |
| | | Zitronensaft |
| | | flüssiger Süßstoff |

**1.** Die Eier mit 1 bzw. 3 Teelöffeln Wasser und dem Fruchtzucker verrühren und mit einem Schneebesen zu einer schaumigen Masse aufschlagen. Die Pfirsiche abtropfen lassen.
**2.** Die Sahne steif schlagen und unter die Schaummasse heben.
**3.** Die Pfirsiche fein zerdrücken oder im Mixer pürieren, mit der Schaummasse verrühren und diese mit Zitronensaft und Süßstoff abschmecken.
**4.** Den Pfirsichschaum in eine Gefrierschale füllen und diese etwa 3 Stunden in das Gefrierfach stellen. Die Masse währenddessen mehrmals mit einer Gabel umrühren. Das Pfirsichhalbgefrorene in Würfel schneiden oder mit einem Eisportionierer zu Kugeln formen.

ca. 145 kcal • 9 g F • 4 g E • 12 g KH • 1 BE

## Obstsalat

Zubereitungszeit
(ohne Zeit zum Durchziehen):
ca. 15 Min.

Für 1 und 3 Personen

| | | |
|---|---|---|
| 30 g | 90 g | Apfel |
| 30 g | 90 g | Birne |
| 30 g | 90 g | Orange ohne Schale |
| 20 g | 60 g | Kirschen |
| | | Zitronensaft |
| | | flüssiger Süßstoff |

**1.** Den Apfel und die Birne in dünne Scheiben schneiden.
**2.** Die Orange filetieren. Die Kirschen halbieren.
**3.** Das Obst in einer Schüssel mit Zitronensaft und wenig Süßstoff mischen und den Obstsalat einige Zeit durchziehen lassen.

ca. 55 kcal • 0 g F • 1 g E • 12 g KH • 1 BE

### 1. Variation
Bereiten Sie einen Obstsalat aus exotischen Früchten für 1 bzw. 3 Personen zu. Hierzu benötigen Sie jeweils 35 g bzw. 105 g Honigmelone, Kiwis und Erdbeeren, 20 g bzw. 60 g Orangenfilets, ½ TL bzw. 10 ml Kirschwasser, Zitronensaft und flüssigen Süßstoff.

ca. 65 kcal • 0 g F • 1 g E • 12 g KH • 1 BE

### 2. Variation
Eine weitere Variante für 1 bzw. 3 Personen ist der „Mandarinen-Apfel-Cocktail". Hier werden 30 g bzw. 90 g Apfel grob geraspelt und mit 90 g bzw. 270 g Dunstmandarinen gemischt. 20 ml bzw. 60 ml Mandarinensaft von Dunstobst mit ½ TL bzw. 10 ml Kirschwasser und Zitronensaft verrühren und über das Obst gießen.

ca. 65 kcal • 0 g F • 1 g E • 13 g KH • 1 BE

## Birne „Helene"

Zubereitungszeit:
ca. 20 Min.

Für 1 und 3 Personen

| | | |
|---|---|---|
| 60 g | 180 g | Birnen |
| 65 ml | 195 ml | fettarme Milch |
| 4 g | 12 g | Schokoladenpuddingpulver |
| | | flüssiger Süßstoff |

**1.** Die Birne(n) in etwa 40 bzw. 120 Millilitern Wasser bißfest dünsten, anschließend herausheben und abtropfen lassen.
**3.** Die Milch und das Puddingpulver verrühren. Unter Rühren aufkochen, mit Süßstoff abschmecken und unter Rühren leicht abkühlen lassen. Die Birnenhälften auf 1 bzw. 3 Tellern anrichten und die noch warme Schokoladencreme über die Birnen ziehen.

ca. 70 kcal • 1 g F • 3 g E • 12 g KH • 1 BE

## Grießflammeri mit Früchten

Zubereitungszeit:
ca. 20 Min.

Für 1 und 3 Personen

| | | |
|---|---|---|
| 5 | 15 | abgezogene Mandeln |
| 80 ml | 240 ml | fettarme Milch |
| 5 g | 15 g | Grieß |
| | | flüssiger Süßstoff |
| 10 g | 30 g | Eiweiß |
| 30 g | 90 g | Dunstcocktail aus der Dose ohne Zuckerzusatz oder gemischtes frisches Obst |

1. Die Mandeln grob hakken und in einer Pfanne ohne Fettzugabe leicht anrösten.
2. Die Milch in einem Topf aufkochen lassen, den Grieß hineinstreuen und unter Rühren etwa 3 Minuten kochen lassen. Mit flüssigem Süßstoff abschmecken.
3. Das Eiweiß zu steifem Schnee schlagen und zusammen mit den gerösteten Mandeln unter die noch heiße Grießmasse heben.
4. Frisches Obst in Würfel schneiden. Die Obstwürfel oder den Dunstcocktail in 1 bzw. 3 Schälchen geben, den Grießflammeri darüber verteilen und alles kalt stellen.

ca. 110 kcal • 4 g F • 5 g E • 11 g KH • 1 BE

## Überbackene Erdbeeren

Zubereitungszeit:
ca. 20 Min.
Vorheizen des Backofens
(Oberhitze oder Grill)
Backzeit: ca. 10 Min.

Für 1 und 3 Personen

| | | |
|---|---|---|
| 160 g | 480 g | Erdbeeren |
| 40 g | 120 g | Magerquark |
| 10 g | 30 g | Eigelb |
| 5 ml | 15 ml | Kirschwasser |
| | | Zitronensaft |
| | | flüssiger Süßstoff |
| 25 g | 75 g | Eiweiß |

1. Die Erdbeeren halbieren und in 1 bzw. 3 feuerfeste Förmchen geben.
2. Den Quark mit den Eigelben, dem Kirschwasser und nach Bedarf mit etwa 15 bzw. 40 Millilitern Wasser verrühren. Die Quarkcreme mit Zitronensaft und Süßstoff abschmecken.
3. Das Eiweiß zu steifem Schnee schlagen, den Eischnee vorsichtig unter die Quarkcreme heben und über die Erdbeeren verteilen.
4. Die Förmchen in den Ofen stellen und die Erdbeeren bei starker Oberhitze oder unter dem Grill etwa 5 Minuten goldbraun überbacken.

ca. 145 kcal • 4 g F • 11 g E • 12 g KH • 1 BE

## Marmorspeise

Zubereitungszeit:
ca. 15 Min.

Für 1 und 3 Personen

| 50 g | 150 g | entsteinte ungesüßte Sauerkirschen, aus den Glas |
| 125 g | 375 g | Magerjoghurt |
| 1/8 | 1/4 | Vanilleschote |
| | | flüssiger Süßstoff |
| 1/4 TL | 5 g | Kakaopulver |
| 1/2 TL | 10 ml | Rum |

**1.** Die Kirschen abtropfen lassen und in 1 bzw. 3 Schälchen verteilen.
**2.** Eine Hälfte des Joghurts mit dem Mark der Vanilleschote und wenig Süßstoff abschmecken.
**3.** Den restlichen Joghurt mit dem Kakaopulver und dem Rum verrühren und diese Creme ebenfalls mit Süßstoff abschmecken.
**4.** Zuerst die dunkle, dann die helle Creme über die Kirschen verteilen und mit einer Gabel vorsichtig einen Marmoreffekt in die Joghurtschichten rühren.

ca. 90 kcal • 1 g F • 6 g E • 12 g KH • 1 BE

**Tip**
Pfirsich „Surprise" bereitet man aus 70 g bzw. 210 g Dunstpfirsichen zu. Man legt die Früchte mit der Wölbung nach unten in eine feuerfeste Form und füllt 10 g bzw. 30 g rote Diabetikerkonfitüre in die Wölbung(en). Dann 10 g bzw. 30 g Eiweiß mit Zimt und Süßstoff steif schlagen, daraufgeben und kurz überbacken.

ca. 55 kcal • 0 g F • 2 g E • 12 g KH • 1 BE

## Schmorapfel mit Weinschaumsoße

Zubereitungszeit:
ca. 20 Min.
Vorheizen des Backofens auf 180°C
Backzeit: ca. 25 Min.

Für 1 und 3 Personen

| 100 g | 300 g | Äpfel |
| 5 g | 15 g | grob gehackte Haselnüsse |
| | | Zimt |
| 20 g | 60 g | Ei |
| 25 ml | 75 ml | Weißwein |
| | | flüssiger Süßstoff |
| | | Zitronensaft |

**1.** Die Äpfel in eine feuerfeste Form setzen.
**2.** Die Nüsse mit dem Zimt mischen und über die Äpfel geben.
**3.** Etwa 15 bzw. 45 Milliliter Wasser in die Form gießen, diese in den Ofen auf die mittlere Schiene stellen und die Äpfel etwa 25 Minuten schmoren.
**4.** Das Ei mit dem Wein in einer hohen Rührschüssel verquirlen und die Mischung im heißen Wasserbad so lange aufschlagen, bis eine dickliche, schaumige Soße entsteht. Die Soße mit Süßstoff und Zitronensaft abschmecken.
**5.** Die Äpfel aus dem Backofen nehmen, auf 1 bzw. 3 Tellern anrichten und die Weinschaumsoße über die heißen Äpfel gießen.

ca. 135 kcal • 6 g F • 4 g E • 13 g KH • 1 BE

## Fruchtsülze

Zubereitungszeit:
(ohne Kühlzeit):
ca. 30 Min.

Für 1 und 3 Personen

45 ml  135 ml  Fruchtsaft vom Dunstobst
½ TL  10 ml  Zitronensaft
flüssiger Süßstoff
1  3  Blatt weiße Gelatine
100 g  300 g  Dunstfruchtcocktail

**1.** Den Fruchtsaft mit Zitronensaft und Süßstoff abschmecken. Die Gelatine nach Anweisung vorbereiten.
**2.** Die Gelatine auflösen, in den Saft rühren und kalt stellen. Wenn die Flüssigkeit zu gelieren beginnt, das Dunstobst vorsichtig darunterheben.
**3.** Die Fruchtsülze in Schälchen füllen und im Kühlschrank fest werden lassen. Die Förmchen kurz in heißes Wasser tauchen und die Sülze stürzen.

ca. 60 kcal • 0 g F • 2 g E •
12 g KH • 1 BE

## Rotweingelee

Zubereitungszeit:
(ohne Kühlzeit):
ca. 10 Min.

Für 1 und 3 Personen

50 ml  150 ml  Rotwein
Zitronensaft
flüssiger Süßstoff
1  3  Blatt rote Gelatine

**1.** Den Rotwein mit 75 bzw. 225 Millilitern Wasser mischen und mit Zitronensaft und Süßstoff abschmecken.
**2.** Die Gelatine einweichen, auflösen und in die Flüssigkeit rühren. Das Gelee im Kühlschrank fest werden lassen.

ca. 40 kcal • 0 g F • 2 g E •
1 g KH • 0 BE

## Jamaikacreme

Zubereitungszeit
(ohne Kühlzeit):
ca. 15 Min.

Für 1 und 3 Personen

5 g  15 g  Schokoladenpuddingpulver
90 ml  270 ml  fettarme Milch
65 g  195 g  Magerjoghurt
½ TL  10 ml  Rum
flüssiger Süßstoff

**1.** Das Puddingpulver mit wenig Milch glattrühren. Die restliche Milch zum Kochen bringen, die Puddingmischung hineinrühren und unter Rühren kurz aufkochen, anschließend leicht abkühlen lassen.
**2.** Den noch warmen Pudding mit dem Joghurt verrühren und mit Rum und Süßstoff abschmecken.

ca. 100 kcal • 3 g F • 6 g E •
11 g KH • 1 BE

## Kirschgelee

Zubereitungszeit
(ohne Kühlzeit):
ca. 20 Min.

Für 1 und 3 Personen

5 g  15 g  Zitronensaft
flüssiger Süßstoff
110 g  330 g  Sauerkirschen
¼  ¾  Blatt weiße Gelatine
¼  ¾  Blatt rote Gelatine

**1.** 75 bzw. 225 Milliliter Wasser mit dem Zitronensaft und Süßstoff abschmecken und aufkochen lassen.
**2.** Die Kirschen hineingeben und im geschlossenen Topf dünsten. Anschließend leicht abkühlen lassen.
**3.** Inzwischen die weiße und rote Gelatine in kaltem Wasser einweichen, ausdrücken, mit den Kirschen verrühren und auflösen.
**4.** Das Dessert nochmals abschmecken und kalt stellen.

ca. 60 kcal • 1 g F • 2 g E •
12 g KH • 1 BE

## Vanillecreme

Zubereitungszeit
(ohne Kühlzeit):
ca. 15 Min.

Für 1 und 3 Personen

7 g  20 g  Vanillepuddingpulver
125 ml  375 ml  fettarme Milch
flüssiger Süßstoff
10 g  30 g  Eiweiß

**1.** Das Puddingpulver mit wenig Milch glattrühren. Die restliche Milch zum Kochen bringen, das angerührte Puddingpulver hineinrühren, nochmals aufkochen lassen und mit Süßstoff abschmecken.
**2.** Das Eiweiß zu festem Schnee schlagen und vorsichtig unter die noch heiße Speise heben.

ca. 90 kcal • 2 g F • 5 g E •
12 g KH • 1 BE

### Variationen
Für eine Mokkacreme rühren Sie zusätzlich 5 g bzw. 15 g Pulverkaffee unter die Vanillecreme. Die Nährwerte bleiben dadurch unverändert. Sie erhalten eine Mandelcreme, wenn Sie zusätzlich 5 g bzw. 15 g grob gehackte und trocken geröstete Mandeln unter die Vanillecreme heben.

ca. 125 kcal • 5 g F • 6 g E •
13 g KH • 1 BE

## Gefüllte Pfannkuchen

Zubereitungszeit: ca. 25 Min.

Für 1 und 3 Personen

| | | |
|---|---|---|
| 10 g | 30 g | Mehl |
| 20 g | 60 g | Ei |
| | | Salz |
| | | flüssiger Süßstoff |
| 25 ml | 75 ml | Kirschsaft vom Kompott |
| ¼ | ¾ | Meßlöffel pflanzliches Bindemittel |
| 35 g | 105 g | entsteinte Kirschen ohne Zuckerzusatz, aus dem Glas |
| | | Zitronensaft |
| ½ TL | 10 ml | Öl |

**1.** Das Mehl mit dem Ei und etwa 15 bzw. 45 Millilitern Wasser zu einem dünnen Pfannkuchenteig verrühren. Den Teig mit Salz und Süßstoff abschmecken.
**2.** Den Kirschsaft in einem Topf erhitzen, das Bindemittel hineinrühren und den Saft nach Packungsanweisung binden.
**3.** Die Kirschen in die Soße geben und mit Süßstoff und Zitronensaft abschmecken.
**4.** Das Öl in einer Pfanne erhitzen und 1 bzw. 3 dünne Pfannkuchen backen.
**5.** Das Kompott auf die Pfannkuchen verteilen, diese zusammenklappen und noch warm servieren.

ca. 115 kcal • 6 g F • 4 g E • 11 g KH • 1 BE

## Vanillesoße

Zubereitungszeit:
ca. 15 Min.

Für 1 und 3 Personen

| 3 g | 10 g | Vanillepudding-pulver |
| 30 ml | 90 ml | Wasser |
| 60 ml | 180 ml | fettarme Milch |
| 1/4 | 3/4 | Vanilleschote |
| | | flüssiger Süßstoff |

**1.** Das Puddingpulver mit dem Wasser glattrühren. Die Milch mit dem Mark der Vanilleschote in einem Topf erhitzen, die angerührte Mischung hineinrühren und die Milch aufkochen und binden lassen.
**2.** Die Vanillesoße mit wenig Süßstoff abschmecken und abkühlen lassen.

ca. 40 kcal • 1 g F • 2 g E • 5 g KH • 1/2 BE

**Tip**
Die Vanillesoße paßt gut zu Geleespeisen, Kuchen, Obst und Kompott.

## Melbasoße

Zubereitungszeit:
ca. 10 Min.

Für 1 und 3 Personen

| 30 g | 90 g | Himbeersaft von Dunstobst ohne Zuckerzusatz |
| 1/2 | 1 1/2 | Meßlöffel pflanzliches Bindemittel |
| 5 ml | 15 ml | Kirschwasser |
| | | Zitronensaft |
| | | flüssiger Süßstoff |

**1.** Den Himbeersaft in einem Topf erhitzen, das Bindemittel hineinrühren und den Saft nach Packungsanweisung binden.
**2.** Die Soße nach Belieben mit Kirschwasser, Zitronensaft und wenig Süßstoff abschmecken.

ca. 20 kcal • 0 g F • 0 g E • 2 g KH • 0 BE

**Tip**
Die Melbasoße paßt gut zu Eis, Obst und Kompott.

## Johannisbeerkonfitüre

Zubereitungszeit:
ca. 20 Min.

Für 4 Gläser (à 250 g)

250 g rote Johannisbeeren
250 g schwarze Johannisbeeren
500 g Gelierfruchtzucker

**1.** Die Johannisbeeren mit einer Gabel zerdrücken.
**2.** Die Fruchtmasse mit dem Gelierfruchtzucker in einem Topf unter Rühren aufkochen lassen.
**3.** Die Konfitüre etwa 3 Minuten gut durchkochen lassen, noch heiß in ausgespülte Gläser füllen und mit Einmachhäuten oder festschließenden Deckeln verschließen.

1 Portion (25 g) enthält ca. 50 kcal • 0 g F • 0 g E • 12 g KH • 1 BE

## Himbeerkonfitüre

Zubereitungszeit:
ca. 30 Min.

Für 6 Gläser (à 250 g)

1 kg Himbeeren
25 g zuckersparendes Gelierpulver (mit der Bezeichnung 2:1 im Handel)
400 g Fruchtzucker
Saft von 1 Zitrone
60 ml Himbeergeist

**1.** Die Himbeeren mit einer Gabel zerdrücken. Das Gelierpulver und den Fruchtzucker mischen.
**2.** Den Zitronensaft und die Gelierpulver-Fruchtzucker-Mischung mit dem Himbeermus in einen Topf geben und unter Rühren aufkochen lassen.
**3.** Die Konfitüre etwa 1 Minute gut durchkochen lassen. Den Himbeergeist hineinrühren und die Konfitüre noch heiß in ausgespülte Gläser füllen. Diese mit Einmachhäuten oder festschließenden Deckeln gut verschließen.

1 Portion (40 g) enthält ca. 55 kcal • 0 g F • 0 g E • 12 g KH • 1 BE

### Kiwi-Stachelbeer-Konfitüre

Zubereitungszeit:
ca. 30 Min.

Für 5 Gläser (à 250 g)

300 g Kiwis
325 g Stachelbeeren
625 g Zuckeraustauschstoff Sorbit
5 g Zitronensäure
3 ½ EL flüssiges Geliermittel

**1.** Die Kiwis vierteln und in dünne Scheiben schneiden. Die Stachelbeeren halbieren.
**2.** Die Fruchtstücke mit dem Sorbit und der Zitronensäure in einen Topf geben und unter Rühren zum Kochen bringen.
**3.** Die Fruchtmasse etwa 10 Minuten gut durchkochen lassen. Das Geliermittel hineinrühren und die Konfitüre nochmal kurz aufkochen lassen.
**4.** Die Konfitüre noch heiß in ausgespülte Gläser füllen und diese mit Einmachhäuten oder festschließenden Deckeln verschließen.

1 Portion (25 g) enthält ca. 55 kcal • 0 g F • 0 g E • 12 g KH • 1 BE

### Sauerkirsch-Aprikosen-Konfitüre

Zubereitungszeit:
ca. 30 Min.

Für 4 Gläser (à 250 g)

250 g Aprikosen
250 g Sauerkirschen
500 g Geliersorbit

**1.** Die Aprikosen und die Kirschen jeweils zur Hälfte zu Mus zerdrücken oder im Mixer pürieren. Die andere Hälfte in kleine Stücke schneiden.
**2.** Die Fruchtmassen mit dem Geliersorbit in einen Topf geben und unter Rühren zum Kochen bringen.
**3.** Die Konfitüre etwa 3 Minuten gut durchkochen lassen, noch heiß in ausgespülte Gläser füllen und diese mit Einmachhäuten oder festschließenden Deckeln gut verschließen.

1 Portion (25 g) enthält ca. 55 kcal • 0 g F • 0 g E • 12 g KH • 1 BE

## Erdbeer-Rhabarber-Konfitüre

Zubereitungszeit:
ca. 45 Min.

Für 4 Gläser (à 250 g)

375 g Erdbeeren
125 g roter Rhabarber
500 g Fruchtzucker
5 g Zitronensäure
3 ½ EL flüssiges Geliermittel

**1.** Die Erdbeeren je nach Größe halbieren oder vierteln. Den Rhabarber in kleine Stücke schneiden.
**2.** Die Erdbeeren und den Rhabarber mit dem Fruchtzucker und der Zitronensäure in einen Topf geben und unter Rühren zum Kochen bringen.
**3.** Die Fruchtmasse etwa 10 Minuten gut durchkochen lassen. Das flüssige Geliermittel hineinrühren und die Konfitüre nochmals kurz aufkochen lassen.
**4.** Die Konfitüre noch heiß in ausgespülte Gläser füllen und diese mit Einmachhäuten oder festschließenden Deckeln verschließen.

1 Portion (25 g) enthält ca. 55 kcal • 0 g F • 0 g E • 12 g KH • 1 BE

## Birnen-Ingwer-Konfitüre

Zubereitungszeit:
ca. 40 Min.

Für 5 Gläser (à 250 g)

1 kg Birnen
1 Stück Ingwerwurzel
25 g Geliermittel für kalorienreduzierte Konfitüre
250 g Zuckeraustauschstoff Sorbit
Saft von 1 Zitrone

**1.** Die Birnen pürieren. Die Ingwerwurzel schälen und in sehr feine Würfel schneiden.
**2.** Das Geliermittel mit dem Sorbit mischen und zusammen mit dem Zitronensaft, den Ingwerwürfeln und dem Birnenpüree in einen Topf geben.
**3.** Die Fruchtmasse unter Rühren zum Kochen bringen und etwa 2 Minuten gut durchkochen lassen. Die Konfitüre noch heiß in ausgespülte Gläser füllen und diese mit Einmachhäuten oder festschließenden Deckeln verschließen.

1 Portion (45 g) enthält ca. 50 kcal • 0 g F • 0 g E • 12 g KH • 1 BE

## Apfel-Holunder-beer-Konfitüre

Zubereitungszeit:
ca. 40 Min.

Für 4 Gläser (à 250 g)

| 200 g säuerliche Äpfel |
| 1 unbehandelte Zitrone |
| 300 g Holunderbeeren |
| 500 g Fruchtzucker |
| 5 g Zitronensäure |
| 3 ½ EL flüssiges Geliermittel |

**1.** Die Äpfel in kleine Würfel schneiden. Die Zitrone dünn schälen.
**2.** Die Holunderbeeren mit den Apfelwürfeln, dem Fruchtzucker, der Zitronenschale und der Zitronensäure in einen Topf geben und unter Rühren zum Kochen bringen. Die Fruchtmasse etwa 10 Minuten gut durchkochen lassen und die Zitronenschale entfernen.
**3.** Das flüssige Geliermittel in die Konfitüre hineinrühren und diese kurz aufkochen lassen. Die Konfitüre noch heiß in ausgespülte Gläser füllen und diese mit Einmachhäuten oder festschließenden Deckeln gut verschließen.

1 Portion (25 g) enthält ca. 55 kcal • 0 g F • 0 g E • 12 g KH • 1 BE

## Orangenmarmelade

Zubereitungszeit:
ca. 45 Min.

Für 4 Gläser (à 250 g)

| Schale von 1 unbehandelten Orange |
| 300 g Orangenfilets |
| 200 ml frisch gepreßter Orangensaft |
| 500 g Gelierfruchtzucker |

**1.** Von der unbehandelten Orange die Schale dünn abschälen und in feine Streifen schneiden.
**2.** Die Orangenfilets, den -saft, die -schale und den Gelierfruchtzucker in einem Topf unter Rühren zum Kochen bringen.
**3.** Die Marmelade etwa 3 Minuten gut durchkochen lassen, noch heiß in ausgespülte Gläser füllen und diese mit Einmachhäuten oder festschließenden Deckeln gut verschließen.

1 Portion (25 g) enthält ca. 55 kcal • 0 g F • 0 g E • 12 g KH • 1 BE

## Pflaumenmus Großmutters Art

Zubereitungszeit:
ca. 20 Min.
Vorheizen des Backofens
auf 75°C
Zeit zum Schmoren:
ca. 10 Std.

Für 10 Gläser (à 250 g)

2,5 kg Pflaumen
Saft von 1 Zitrone
1 Vanilleschote
flüssiger Süßstoff
Rum

**1.** Die Pflaumen vierteln. Papierblättchen in Größe der Gläser oder Steinguttöpfen schneiden.
**2.** Die Pflaumen mit dem Zitronensaft und dem Mark der Vanilleschote in einem Topf unter Rühren sprudelnd aufkochen lassen.
**3.** Das Pflaumenmus in die Fettpfanne des Backofens füllen und die Fettpfanne auf die unterste Leiste in den Backofen schieben. Das Pflaumenmus bei leicht geöffneter Backofentür etwa 10 Stunden schmoren lassen.
**4.** Das Pflaumenmus bei Belieben mit flüssigem Süßstoff nachsüßen. Das Mus noch heiß in Gläser oder Steinguttöpfchen füllen und diese mit in Rum getränkten Papierblättchen abdecken und verschließen.

1 Portion (25 g) enthält
ca. 50 kcal • 0 g F • 0 g E •
12 g KH • 1 BE

## Zwetschengelee mit Basilikum

Zubereitungszeit:
ca. 25 Min.

Für ca. 3 Gläser (à 250 g)

375 ml Zwetschensaft
500 g Geliersorbit
1 EL fein gehackte
Basilikumblättchen

**1.** Den Zwetschensaft mit dem Geliersorbit in einen Topf geben und unter Rühren zum Kochen bringen. Die Mischung etwa 2 Minuten gut durchkochen lassen.
**2.** Die Basilikumblättchen unter den heißen Gelee rühren. Den Gelee noch heiß in ausgespülte Gläser füllen und diese mit Einmachhäuten oder festschließenden Deckeln verschließen.

1 Portion (20 g) enthält
ca. 50 kcal • 0 g F • 0 g E •
12 g KH • 1 BE

**Tip**
Dieses Zwetschengelee mit Basilikum eignet sich sowohl als Brotaufstrich als auch als Beilage zu hellen Fleisch- und Geflügelgerichten.

## Erdbeergelee mit Mangostückchen

Zubereitungszeit:
ca. 30 Min.

Für 4 Gläser (à 250 g)

300 g Mangofruchtfleisch
25 g Geliermittel für kalorienreduzierte Konfitüre
250 g Fruchtzucker
450 ml Erdbeersaft ohne Zuckerzusatz

**1.** Das Mangofruchtfleisch in sehr feine Stücke schneiden.
**2.** Das Geliermittel mit dem Fruchtzucker mischen und zusammen mit den Mangostückchen und dem Erdbeersaft in einen Topf geben.
**3.** Die Fruchtmasse unter Rühren zum Kochen bringen und etwa 2 Minuten gut durchkochen lassen. Den Gelee noch heiß in ausgespülte Gläser füllen und diese mit Einmachhäuten oder festschließenden Deckeln schließen.

1 Portion (40 g) enthält ca. 55 kcal • 0 g F • 0 g E • 12 g KH • 1 BE

## Apfel-Tomaten-Gelee

Zubereitungszeit:
ca. 25 Min.

Für ca. 3 Gläser (à 250 g)

250 ml Apfelsaft ohne Zuckerzusatz
125 ml Tomatensaft
500 g Gelierfruchtzucker
1 Vanilleschote

**1.** Den Apfel- und den Tomatensaft in einen Topf geben, den Gelierfruchtzucker und die aufgeschlitzte Vanilleschote dazugeben und alles unter Rühren zum Kochen bringen.
**2.** Den Gelee etwa 2 Minuten gut durchkochen lassen, die Vanilleschote entfernen und den Gelee noch heiß in ausgespülte Gläser füllen. Diese mit Einmachhäuten oder festschließenden Deckeln verschließen.

1 Portion (20 g) enthält ca. 50 kcal • 0 g F • 0 g E • 12 g KH • 1 BE

# KUCHEN UND GEBÄCK

Ein köstlicher Duft geht von Selbstgebackenem aus. Ein wohlgelungener Kuchen, mit würzigem Gebäck gefüllte Dosen belohnen die Mühe und machen Freude.
Der Genuß von Backwerk ist nicht an besondere Feiertage gebunden. Es schmeckt zu jeder Zeit: Ein selbstgebackenes Mürbeteigplätzchen statt Brot oder ein köstliches Himbeertörtchen zu Kaffee oder Tee ist stets eine willkommene Abwechslung.
Zum Backen sind als Süßungsmittel Süßstoff und Diabetikerzucker geeignet (siehe Seite 15). Gebäck mit Fruchtzucker bräunt etwas stärker als das mit Haushaltszucker gesüßte.

## Grundrezept für Hefeteig

Zubereitungszeit:
ca. 15 Min.
Zeit zum Gehen:
ca. 45 Min.

50 ml fettarme Milch
15 g frische Hefe
½ TL Fruchtzucker
250 g Mehl
15 g Diätmargarine
flüssiger Süßstoff
Salz

**1.** Die Milch mit etwa 90 Millilitern Wasser mischen und in einem Topf erwärmen.
**2.** Die Hälfte der Flüssigkeit abnehmen und die zerbröckelte Hefe mit dem Fruchtzucker darin auflösen.
**3.** Das Mehl in eine Schüssel sieben. In die Mitte eine Mulde drücken, den Hefeansatz hineingießen und abgedeckt an einem warmen Ort etwa 15 Minuten gehen lassen.
**4.** Die Margarine, die restliche Flüssigkeit, wenig Süßstoff und eine Prise Salz dazugeben und alles so lange zu einem glatten Teig kneten, bis sich dieser vom Schüsselrand löst.
**5.** Den Teig abgedeckt an einem warmen Ort aufgehen lassen, bis er etwa das doppelte Volumen erreicht hat.
**6.** Den Teig nochmals durchkneten und z. B. für einen Blechkuchen (siehe Pflaumenkuchen) weiterverarbeiten.

Das ganze Rezept enthält ca. 1020 kcal • 15 g F • 28 g E • 186 g KH • 16 BE

Ca. 25 g roher Teig enthalten ca. 65 kcal • 1 g F • 2 g E • 12 g KH • 1 BE

## Pflaumenkuchen

Zubereitungszeit:
ca. 40 Min.
Gesamte Zeit zum Gehen:
ca. 40 Min.
Vorheizen des Backofens auf 200° C
Backzeit: ca. 35 Min.

Für 10 Stücke

1 Grundrezept Hefeteig (siehe Rezept links)
10 g Vanillepuddingpulver
120 ml fettarme Milch
¼ Vanilleschote
flüssiger Süßstoff
½ TL Diätmargarine für das Blech
300 g entsteinte, halbierte Pflaumen

**1.** Den Hefeteig nach Rezeptanweisung zubereiten.
**2.** Das Puddingpulver mit wenig kalter Milch glatt rühren. Die restliche Milch mit dem Mark der Vanilleschote in einem Topf aufkochen lassen und das angerührte Puddingpulver hineingeben. Das Ganze kurz aufkochen lassen, bis das Puddingpulver bindet, und mit wenig Süßstoff abschmecken.
**3.** Ein Backblech mit der Margarine einfetten. Den Hefeteig auf einer leicht bemehlten Arbeitsfläche ausrollen und das Blech damit auslegen. Den Teig mit einer Gabel mehrmals einstechen.
**4.** Die noch warme Vanillecreme auf den Teig streichen. Diesen gleichmäßig mit Pflaumen belegen und den Kuchen an einem warmen Ort etwa 15 Minuten gehen lassen.
**5.** Das Blech in den Ofen schieben und den Kuchen etwa 35 Minuten backen. Anschließend in 10 gleich große Stücke schneiden.

1 Stück enthält ca. 130 kcal • 2 g F • 3 g E • 24 g KH • 2 BE

## Apfel-Streusel-Kuchen

Zubereitungszeit:
ca. 30 Min.
Zeit zum Gehen:
ca. 30 Min.
Vorheizen des Backofens auf 175° C
Backzeit: ca. 45 Min.

Für 24 Stücke

1,1 kg Äpfel

**Teig:**
450 g Mehl
1 Päckchen Trockenhefe
Salz
120 g Diätmargarine
250 ml lauwarme, fettarme Milch
1 Ei
1 Fläschchen Zitronenaroma
flüssiger Süßstoff
½ TL Diätmargarine für das Blech

**Streusel:**
150 g Mehl
75 g Butter
60 g Fruchtzucker

**1.** Die Äpfel schälen, vierteln, die Kerngehäuse entfernen und das Fruchtfleisch in schmale Schnitze schneiden.
**2.** Das Mehl mit der Trockenhefe und einer Prise Salz mischen und mit der Margarine, der Milch, dem Ei, der Zitronenschale und wenig Süßstoff zu einem glatten Teig kneten.
**3.** Den Teig zugedeckt an einem warmen Ort etwa 30 Minuten gehen lassen.
**4.** In der Zwischenzeit ein Backblech mit der Margarine einfetten. Für die Streusel das Mehl, die Butter und den Fruchtzucker mischen und bröselig kneten.
**5.** Den Teig nochmals durchkneten und auf einer leicht bemehlten Arbeitsfläche ausrollen. Das Blech mit dem Teig auslegen, diesen mehrmals mit einer Gabel einstechen und gleichmäßig mit den Apfelstücken belegen.
**6.** Die Streusel darüber verteilen, das Blech in den Ofen schieben und den Kuchen etwa 45 Minuten backen. Den Kuchen in 24 gleich große Stücke schneiden.

1 Stück enthält ca. 190 kcal • 8 g F • 4 g E • 26 g KH • 2 BE

## Eierschnecke

Zubereitungszeit:
ca. 40 Min.
Zeit zum Gehen:
ca. 30 Min.
Vorheizen des Backofens
auf 175° C
Backzeit: ca. 40 Min.

Für 20 Stücke

**Teig:**
1 Rezept Hefeteig mit
½ Fläschchen Vanille-
statt Zitronenaroma
(siehe Rezept „Apfel-
Streusel-Kuchen"
Seite 144)

**Unterer Belag:**
500 g Magerquark
60 g Ei (1 Stück)
50 g Fruchtzucker
flüssiger Süßstoff
geriebene Schale von
1 unbehandelten Zitrone
20 g Rosinen

**Oberer Belag:**
100 g Butter
240 g Eier (4 Stück)
50 g Fruchtzucker
25 ml Zitronensaft
20 g Vanillepudding-
pulver

**1.** Den Hefeteig nach Rezeptanweisung zubereiten, auf das Blech legen und mehrmals mit einer Gabel einstechen.
**2.** Für den unteren Belag den Quark mit dem Ei, dem Fruchtzucker, dem Süßstoff, der Zitronenschale und zuletzt mit den Rosinen verrühren. Die Quarkmasse gleichmäßig auf den Teig streichen.
**3.** Für den oberen Belag die Butter mit den Eiern, dem Fruchtzucker, dem Zitronensaft und wenig Süßstoff schaumig rühren. Zuletzt das Puddingpulver dazugeben und die Creme glattrühren.

**4.** Diese Masse gleichmäßig über den Quark streichen. Das Blech in den Ofen schieben und den Kuchen etwa 40 Minuten backen. Den Kuchen in 20 gleich große Stücke schneiden.

1 Stück enthält
ca. 245 kcal • 12 g F •
9 g E • 25 g KH • 2 BE

## Gugelhupf

Zubereitungszeit:
ca. 25 Min.
Zeit zum Gehen:
ca. 1 Std.
Vorheizen des Backofens
auf 170° C
Backzeit: ca. 50 Min.

Für 30 Stücke

450 g Mehl
1 Päckchen Trockenhefe
1 TL flüssiger Süßstoff
Salz
½ Fläschchen Vanillearoma
½ Fläschchen Zitronen-
aroma
200 ml lauwarme,
fettarme Milch
200 g Butter
180 g Eier (3 Stück)
40 g grob gehackte
Mandeln
40 g Rosinen
½ TL Diätmargarine
für die Form
Mehl für die Form

**1.** Das Mehl mit der Trokkenhefe, wenig Süßstoff, einer Prise Salz, dem Vanille- und dem Zitronenaroma mischen.
**2.** Die Milch und die Butter erwärmen und mit den Eiern hinzufügen. Alles zu einem glatten Teig kneten. Zuletzt die Mandeln und die Rosinen hineinkneten.
**3.** Den Teig zugedeckt an einem warmen Ort etwa 30 Minuten gehen lassen.
**4.** Eine Gugelhupfform oder eine Springform mit Locheinsatz mit der Margarine einfetten und mit Mehl ausstreuen. Den Teig nach dem Gehen nochmals kräftig durchkneten.
**5.** Den Teig in die Form geben und weitere 30 Minuten gehen lassen. Die Form in den Ofen stellen und den Gugelhupf etwa 50 Minuten backen. Den Kuchen in 30 gleich große Stücke schneiden.

1 Stück enthält
ca. 130 kcal • 7 g F • 3 g E •
12 g KH • 1 BE

## Brioche

Zubereitungszeit:
ca. 15 Min.
Zeit zum Gehen:
ca. 1 ¼ Std.
Vorheizen des Backofens
auf 175°C
Backzeit: ca. 40 Min.

Für 30 Stücke

| |
|---|
| 500 g Mehl |
| 1 Päckchen Trockenhefe |
| Salz |
| 200 g Butter |
| 240 g Eier (4 Stück) |
| 45 ml lauwarme, fettarme Milch |

**1.** Das Mehl mit der Trockenhefe und einer Prise Salz mischen. Etwa 180 Gramm Butter, die Eier und die Milch hinzufügen und alles zu einem glatten Teig kneten.
**2.** Den Teig zugedeckt an einem warmen Ort etwa 30 Minuten gehen lassen.
**3.** Eine Brioche- oder Springform mit 1 Eßlöffel Butter (10 Gramm) einfetten. Den Teig nochmals kräftig durchkneten, in die Form geben und den Teig zugedeckt weitere 45 Minuten gehen lassen.
**4.** Die Form in den Ofen stellen und die Brioche etwa 40 Minuten backen. Dabei die Oberfläche kurz vor Ende der Backzeit dünn mit der restlichen Butter bestreichen. Die Brioche in 30 Stücke schneiden.

1 Stück enthält
ca. 125 kcal • 7 g F • 3 g E •
12 g KH • 1 BE

## Mandelstuten

Zubereitungszeit:
ca. 20 Min.
Zeit zum Gehen:
ca. 1 ¼ Std.
Vorheizen des Backofens
auf 200°C
Backzeit: ca. 45 Min.

Für 20 Stücke

| |
|---|
| 320 g Mehl |
| 1 Päckchen Trockenhefe |
| Salz |
| 80 g Diätmargarine |
| 125 ml lauwarme, fettarme Milch |
| 300 g Magerquark |
| 60 g Ei (1 Stück) |
| flüssiger Süßstoff |
| geriebene Schale von 1 unbehandelten Zitrone |
| 80 g abgezogene grob gehackte Mandeln |
| ½ TL Diätmargarine für die Form |

**1.** Das Mehl mit der Trockenhefe und einer Prise Salz mischen. Die Margarine, die Milch, den Quark, das Ei, wenig Süßstoff und die Zitronenschale hinzufügen und alles zu einem glatten Teig kneten.
**2.** Zuletzt die Mandeln unterkneten und den Teig zugedeckt an einem warmen Ort etwa 45 Minuten gehen lassen.
**3.** Eine Kastenform mit der Margarine einfetten. Den Teig nach dem Gehen nochmals kräftig durchkneten und in die Form füllen.
**4.** Den Teig in der Form nochmals etwa 30 Minuten gehen lassen. Die Form in den Ofen stellen und den Stuten etwa 45 Minuten backen. Den Mandelstuten in 20 gleich große Stücke schneiden.

1 Stück enthält
ca. 130 kcal • 6 g F • 5 g E •
13 g KH • 1 BE

## Savarin

Zubereitungszeit
(ohne Zeit zum
Durchziehen): ca. 35 Min.
Zeit zum Gehen: ca. 1 Std.
Vorheizen des Backofens
auf 175°C
Backzeit: ca. 45 Min.

Für 20 Stücke

| |
|---|
| 350 g Mehl |
| 1 Päckchen Trockenhefe |
| Salz |
| 125 ml fettarme Milch |
| 150 g Butter |
| 240 g Eier (4 Stück) |
| 1 Fläschchen Vanillearoma |
| flüssiger Süßstoff |
| ½ TL Diätmargarine für die Form |
| 80 ml trockener Weißwein |
| 40 ml Rum |

**1.** Das Mehl mit der Trockenhefe und einer Prise Salz mischen und die Milch, die Butter, die Eier, das Mark der Vanilleschote und wenig Süßstoff hinzufügen. Alles zu einem glatten Teig verrühren.
**2.** Den Teig zugedeckt an einem warmen Ort etwa 30 Minuten gehen lassen.
**3.** Eine Savarinform oder eine Springform mit Locheinsatz mit der Margarine einfetten. Den Teig nach dem Gehen nochmals kräftig durchkneten, in die Form füllen und in der Form weitere 30 Minuten gehen lassen.
**4.** Die Form in den Ofen stellen und den Savarin etwa 45 Minuten backen. Anschließend auf ein Kuchengitter stürzen und abkühlen lassen.
**5.** Den Wein, den Rum, etwa 150 Milliliter Wasser und 1 ½ Teelöffel Süßstoff in einem Topf aufkochen lassen und die Flüssigkeit in ein Gefäß oder eine tiefe Platte gießen, in die der Savarin gut hineinpaßt.
**6.** Den Savarin vorsichtig kopfüber in die Flüssigkeit setzen und so lange darin lassen, bis die Flüssigkeit vom Teig aufgesogen ist. Den Savarin in 20 gleich große Stücke schneiden.

1 Stück enthält
ca. 150 kcal • 8 g F • 4 g E •
13 g KH • 1 BE

## Grundrezept für Biskuitteig

Zubereitungszeit:
ca. 15 Min.
Vorheizen des Backofens
je nach Gebäck
auf 180 – 220° C
Backzeit: ca. 15 Min.

---
120 g Eier (2 Stück)
30 g Fruchtzucker
25 g Mehl
30 g Stärkemehl
¼ Vanilleschote
geriebene Schale von
½ unbehandelten Zitrone
Salz
---

**1.** Die Eier und den Fruchtzucker mit einem Schneebesen so lange schlagen, bis eine schaumige Creme entsteht.

**2.** Das Mehl mit dem Stärkemehl mischen, darübersieben und zusammen mit dem Mark der Vanilleschote, der Zitronenschale und 1 Prise Salz vorsichtig unter den Eischaum heben.

**3.** Je nach Verwendung, den Teig auf ein mit Backpapier ausgelegtes Backblech streichen und bei 220° C etwa 15 Minuten backen und dann auf ein Kuchengitter stürzen. Von der noch warmen, gebackenen Teigplatte das Backpapier rasch abziehen, ein feuchtes Tuch darüberlegen und die Platte aufrollen, so auskühlen lassen. Die Rolle anschließend auseinanderrollen, mit einer leichten Dessertcreme (siehe Kapitel „Süßspeisen") bestreichen und wieder zusammenrollen. Oder den Teig in 6 kleine ausgefettete flache Backförmchen füllen und bei 200° C etwa 15 Minuten backen. Als Teegebäck reichen.
Oder den Teig als Tortenboden in eine ausgefettete Springform füllen und bei 180 bis 200° C etwa 15 Minuten backen. Den Biskuitteig kann man mit frischem Obst belegen und mit einem Gelatineguß überziehen.

Das ganze Rezept roher Biskuitteig enthält
ca. 510 kcal • 14 g F •
18 g E • 73 g KH • 6 BE

1 Stück (⅙ roher Teig = 25 g gebacken) enthält
ca. 85 kcal • 2 g F • 3 g E •
12 g KH • 1 BE

## Möhrentorte

Zubereitungszeit:
ca. 35 Min.
Vorheizen des Backofens
auf 175°C
Backzeit: ca. 45 Min.

Für 18 Stücke

300 g Möhren
50 g Mehl
1 TL Backpulver
90 g abgezogene gemahlene Mandeln
100 g gemahlene Haselnüsse
50 g Semmelbrösel
80 g Eigelb (4 Stück)
150 g Fruchtzucker
10 ml Kirschwasser
Salz
1 Prise Zimt
1 Prise Nelkenpulver
160 g Eiweiß (4 Stück)
½ TL Diätmargarine für die Form
10 g Mandelblättchen

**1.** Die Möhren schälen, waschen und fein reiben. Das Mehl mit dem Backpulver, den Mandeln, den Nüssen und den Semmelbröseln mischen.
**2.** Die Eigelbe mit 100 Gramm Fruchtzucker, dem Kirschwasser und den Gewürzen schaumig schlagen. Die Mehl-Nuß-Mischung und die Möhren vorsichtig darunterheben.
**3.** Die Eiweiße mit dem restlichen Fruchtzucker steif schlagen und unter den Teig heben.
**4.** Eine Springform mit der Margarine einfetten. Den Teig in die Form füllen, diese auf die mittlere Schiene in den Ofen stellen und den Teig etwa 45 Minuten backen.
**5.** Den Kuchen anschließend mit den Mandelblättchen verzieren und in 18 gleich große Stücke schneiden.

1 Stück enthält
ca. 150 kcal • 8 g F • 4 g E •
14 g KH • 1 BE

## Kirschtorte Schwarzwälder Art

Zubereitungszeit (ohne Zeit zum Abkühlen): ca. 30 Min.
Vorheizen des Backofens auf 180° C
Backzeit: ca. 45 Min.

**Für 16 Stücke**

30 g Zwieback
180 g Eier (3 Stück)
80 g Fruchtzucker
100 g gemahlene Haselnüsse
5 g Kakaopulver
1 TL Backpulver
20 ml Kirschwasser
700 g Sauerkirschen als Kompott oder TK-Ware, mit Süßstoff gesüßt, ohne Saft
125 g Sahne 30 % F.
flüssiger Süßstoff
Kakaopulver zum Bestäuben

**1.** Den Zwieback fein reiben oder in einen Plastikbeutel geben und mit einem Fleischklopfer zu feinen Bröseln zerklopfen. Die Eier mit dem Fruchtzucker schaumig schlagen und die Nüsse, die Zwiebackbrösel, den Kakao und das Backpulver vorsichtig unterheben.
**2.** Eine Springform mit Backpapier auslegen, den Teig hineingeben und gleichmäßig verteilen.
**3.** Die Form in den Ofen stellen und den Tortenboden etwa 45 Minuten backen. Anschließend abkühlen lassen.
**4.** Den Boden mit dem Kirschwasser beträufeln und die Kirschen darauf verteilen. Die Sahne steif schlagen, mit wenig Süßstoff süßen und über die Kirschen streichen. Die Torte zuletzt mit Kakaopulver überstäuben und in 16 gleich große Stücke schneiden.

1 Stück enthält ca. 140 kcal • 8 g F • 3 g E • 12 g KH • 1 BE

## Apfelkuchen

Zubereitungszeit: ca. 20 Min.
Vorheizen des Backofens auf 200° C
Backzeit: ca. 40 Min.

**Für 14 Stücke**

30 g Diätmargarine
50 g Fruchtzucker
geriebene Schale von ½ unbehandelten Zitrone
40 g Eigelb (2 Stück)
Salz
240 g Äpfel mit Schale
flüssiger Süßstoff
120 g Mehl
60 g Eiweiß (1½ Stück)
¼ TL Backpulver
3 g Diätmargarine für die Form

**1.** Die Margarine mit der Hälfte des Fruchtzuckers schaumig rühren.
**2.** Die Zitronenschale zusammen mit den Eigelben und einer Prise Salz unter die Margarine schlagen.
**3.** Die Äpfel schälen, vierteln und von den Kerngehäusen befreien. Die Äpfel grob raspeln, unter die Masse heben und diese mit wenig Süßstoff abschmecken.
**4.** Die Eiweiße mit dem restlichen Fruchtzucker zu steifem Schnee schlagen und den Eischnee vorsichtig unter den Apfelteig ziehen.
**5.** Das Mehl mit dem Backpulver mischen, über die Masse sieben und vorsichtig darunterziehen.
**6.** Eine kleine Kastenform mit der Margarine einfetten. Den Teig in die Form füllen, diese in den Ofen stellen und den Teig etwa 40 Minuten backen. Den Apfelkuchen auskühlen lassen und in 14 gleich große Stücke schneiden.

1 Stück enthält ca. 85 kcal • 3 g F • 2 g E • 12 g KH • 1 BE

## Gewürzkuchen

Zubereitungszeit:
ca. 20 Min.
Vorheizen des Backofens
auf 200°C
Backzeit: ca. 35 Min.

Für 12 Stücke

| |
|---|
| 30 g Diätmargarine |
| 40 g Fruchtzucker |
| 120 g Eier (2 Stück) |
| 80 g Mehl |
| 40 g Stärkemehl |
| ¼ TL Backpulver |
| Salz |
| 10 g Kakaopulver |
| 1 TL Zimt |
| 1 Msp. Kardamom |
| 1 Msp. Nelkenpulver |
| flüssiger Süßstoff |
| 5 g Diätmargarine |
| für die Form |

**1.** Die Margarine mit einem Teil des Fruchtzuckers schaumig rühren.
**2.** Die Eier mit etwa 30 Millilitern Wasser und dem restlichen Fruchtzucker schaumig schlagen und mit der Margarine verrühren.
**3.** Das Mehl, das Stärkemehl, das Backpulver, eine Prise Salz, das Kakaopulver, Zimt, Kardamom und Nelken dazugeben und unterziehen. Den Teig evtl. mit wenig Süßstoff abschmecken.
**4.** Eine kleine Kastenform mit der Margarine einfetten. Den Teig in die Form füllen und diese in den Ofen stellen. Den Gewürzkuchen etwa 35 Minuten backen, abkühlen lassen und in 12 gleich große Stücke schneiden.

1 Stück enthält
ca. 85 kcal • 3 g F • 2 g E •
11 g KH • 1 BE

## Sandkuchen

Zubereitungszeit:
ca. 20 Min.
Vorheizen des Backofens
auf 200° C
Backzeit: ca. 40 Min.

Für 19 Stücke

| |
|---|
| 60 g Eigelb (3 Stück) |
| 15 ml fettarme Milch |
| 75 g Fruchtzucker |
| 120 g Eiweiß (3 Stück) |
| 95 g Mehl |
| 95 g Stärkemehl |
| ½ TL Backpulver |
| Salz |
| 50 g Diätmargarine |
| 1 Fläschchen Bittermandelöl |
| flüssiger Süßstoff |
| 3 g Diätmargarine für die Form |

**1.** Die Eigelbe mit der Milch und der Hälfte des Fruchtzuckers mit einem Schneebesen schaumig schlagen.
**2.** Die Eiweiße mit dem restlichen Fruchtzucker zu steifem Schnee schlagen und unter die Eigelbmasse heben.
**3.** Das Mehl mit dem Stärkemehl, dem Backpulver und einer Prise Salz mischen, auf den Eischaum sieben und vorsichtig unterheben.
**4.** Die Margarine in einem Topf schmelzen und abkühlen lassen. Das Bittermandelöl, wenig Süßstoff und die Margarine zuletzt unter die Masse ziehen.
**5.** Eine kleine Kastenform mit der Margarine einfetten. Den Teig in die Form füllen und etwa 40 Minuten backen. Den Sandkuchen in 19 gleich große Stücke schneiden.

1 Stück enthält
ca. 85 kcal 3 g F • 2 g E •
12 g KH • 1 BE

## Orangenkuchen

Zubereitungszeit:
ca. 25 Min.
Vorheizen des Backofens
auf 200° C
Backzeit: ca. 40 Min.

Für 14 Stücke

| |
|---|
| 50 g Diätmargarine |
| 50 g Fruchtzucker |
| 120 g Ei (2 Stück) |
| 150 g Mehl |
| 1 TL Backpulver |
| Salz |
| geriebene Schale von 1 unbehandelten Orange |
| flüssiger Süßstoff |
| 3 g Diätmargarine für die Form |
| 50 ml Orangensaft ohne Zuckerzusatz |
| 20 ml Zitronensaft |

**1.** Die Margarine und die Hälfte des Fruchtzuckers mit einem Schneebesen schaumig rühren.
**2.** Die Eier mit dem restlichen Fruchtzucker in einer zweiten Schüssel ebenfalls schaumig schlagen und unter die Margarine rühren.
**3.** Das Mehl mit dem Backpulver und einer Prise Salz mischen, auf die Eimasse sieben und zusammen mit der Orangenschale unter die Eimasse rühren. Den Teig evtl. mit wenig Süßstoff nachsüßen.
**4.** Eine kleine Kastenform mit der Margarine einfetten. Den Teig in die Form geben und etwa 40 Minuten backen.
**5.** Den Orangensaft mit dem Zitronensaft mischen. Den noch heißen Kuchen auf ein Gitter stürzen und auf eine Platte setzen. Die Oberfläche mit einem Holzstäbchen gleichmäßig einstechen und mit dem Saftgemisch beträufeln. Den Kuchen in 14 gleich große Stücke schneiden.

1 Stück enthält
ca. 95 kcal • 4 g F • 2 g E •
12 g KH • 1 BE

## Marmorkuchen

Zubereitungszeit:
ca. 15 Min.
Vorheizen des Backofens
auf 200° C
Backzeit: ca. 45 Min.

Für 18 Stücke

| |
|---|
| 100 g Diätmargarine |
| 55 g Fruchtzucker |
| 240 g Ei (4 Stück) |
| 150 g Mehl |
| 50 g Stärkemehl |
| 1 ½ TL Backpulver |
| Salz |
| 50 ml fettarme Milch |
| 15 ml Rum |
| 5 g Kakaopulver |
| 40 g gemahlene Haselnüsse |
| 3 g Diätmargarine für die Form |
| flüssiger Süßstoff |

**1.** Die Margarine mit dem Fruchtzucker schaumig rühren und nach und nach die Eier dazugeben.
**2.** Das Ganze zu einer glatten Masse schlagen. Das Mehl, das Stärkemehl, das Backpulver und eine Prise Salz mischen, über die Eiercreme sieben und unterrühren.
**3.** Die Milch dazugeben und den Teig halbieren. Unter die eine Hälfte den Rum und das Kakaopulver, unter die andere die Haselnüsse rühren.
**4.** Eine kleine Kastenform mit der Margarine einfetten. Die beiden Teighälften nach Belieben mit wenig Süßstoff abschmecken und übereinander in die Form füllen. Mit einer Gabel spiralförmig durchziehen und den Teig etwa 45 Minuten backen. Den Marmorkuchen in 18 gleich große Stücke schneiden.

1 Stück enthält
ca. 130 kcal • 8 g F • 3 g E •
12 g KH • 1 BE

## Nußkuchen

Zubereitungszeit:
ca. 20 Min.
Vorheizen des Backofens
auf 200° C
Backzeit: ca. 40 Min.

Für 16 Stücke

| |
|---|
| 100 g gemahlene Haselnüsse |
| 25 g Diätmargarine |
| 240 g Eiweiß (6 Stück) |
| 60 g Fruchtzucker |
| 75 g Mehl |
| 75 g Stärkemehl |
| ¼ TL Backpulver |
| Salz |
| 20 ml Weinbrand |
| flüssiger Süßstoff |
| ½ TL Diätmargarine für die Form |

**1.** Die Haselnüsse ohne Fettzugabe in einer Pfanne kurz anrösten und abkühlen lassen. Die Margarine in einem Topf schmelzen und ebenfalls abkühlen lassen.
**2.** Die Eiweiße mit dem Fruchtzucker zu steifem Schnee schlagen. Die Haselnüsse, das Mehl, das Stärkemehl, das Backpulver und 1 Prise Salz mischen, darübersieben und alles zu einem glatten Teig verrühren.
**3.** Die abgekühlte Margarine zusammen mit dem Weinbrand unter den Teig rühren und diesen nach Belieben mit wenig Süßstoff nachsüßen.
**4.** Eine kleine Kastenform mit der Margarine einfetten. Den Teig in die Form füllen, diese in den Ofen stellen und den Teig etwa 40 Minuten backen. Den Nußkuchen in 16 gleich große Stücke schneiden.

1 Stück enthält
ca. 115 kcal 5 g F • 3 g E •
12 g KH • 1 BE

## Schokoladenkuchen

Zubereitungszeit:
ca. 25 Min.
Vorheizen des Backofens
auf 200° C
Backzeit: ca. 35 Min.

Für 18 Stücke

| |
|---|
| 80 g Eigelb (4 Stück) |
| 75 g Fruchtzucker |
| 160 g Eiweiß (4 Stück) |
| 80 g Diätmargarine |
| 150 g Mehl |
| 1 ¼ TL Backpulver |
| 35 g Schokoladenpuddingpulver |
| 10 g Kakaopulver |
| Salz |
| flüssiger Süßstoff |
| 5 g Diätmargarine für die Form |

**1.** Die Eigelbe mit etwa 40 Millilitern lauwarmem Wasser und der Hälfte des Fruchtzuckers mit einem Schneebesen cremig aufschlagen.
**2.** Die Eiweiße mit dem restlichen Fruchtzucker zu steifem Schnee schlagen und unter die Eigelbmasse heben.
**3.** Die Margarine in einem Topf schmelzen und abkühlen lassen.
**4.** Das Mehl mit dem Backpulver, dem Puddingpulver, dem Kakaopulver und 1 Prise Salz mischen, auf die Eigelbmasse sieben und darunterziehen.
**5.** Die abgekühlte Margarine mit dem Teig verrühren und diesen evtl. mit Süßstoff nachsüßen.
**6.** Eine kleine Kastenform mit der Margarine einfetten. Den Teig in die Form füllen, diese in den Ofen stellen und den Teig etwa 35 Minuten backen. Den Schokoladenkuchen in 18 gleich große Stücke schneiden.

1 Stück enthält
ca. 110 kcal 5 g F • 3 g E •
12 g KH • 1 BE

## Zitronenkuchen

Zubereitungszeit:
ca. 20 Min.
Vorheizen des Backofens
auf 175°C
Backzeit: ca. 45 Min.

Für 22 Stücke

| 250 g Diätmargarine |
| 180 g Fruchtzucker |
| ¼ Vanilleschote |
| 360 g Eier (6 Stück) |
| 500 g Mehl |
| 1 Päckchen Backpulver |
| Salz |
| 90 ml Zitronensaft |
| flüssiger Süßstoff |

**1.** Die Margarine mit dem Fruchtzucker und dem Mark der Vanilleschote schaumig rühren. Nach und nach 3 Eier dazugeben und alles zu einer glatten Masse schlagen.
**2.** Das Mehl mit dem Backpulver und einer Prise Salz mischen. Abwechselnd die Mehlmischung, die restlichen Eier und den Zitronensaft unter die schaumige Margarinemasse rühren.

**3.** Den Teig nach Belieben mit wenig Süßstoff nachsüßen. Eine große Kastenform mit Backpapier auslegen, den Teig in die Form füllen und diese in den Ofen stellen.
**4.** Den Teig etwa 45 Minuten backen. Den Kuchen stürzen, auskühlen lassen und in 22 gleich große Stücke schneiden.

1 Stück enthält
ca. 230 kcal • 12 g F •
5 g E • 25 g KH • 2 BE

## Torte Sacher Art

Zubereitungszeit:
ca. 40 Min.
Vorheizen des Backofens
auf 170°C
Backzeit: ca. 40 Min.

Für 32 Stücke

200 g Diabetiker-
Halbbitterschokolade
75 g Mehl
75 g Stärkemehl
2 gestrichene TL Back-
pulver
150 g Butter
150 g Fruchtzucker
100 g Eigelb (5 Stück)
240 g Eiweiß (6 Stück)
80 g Diabetiker-
Aprikosenkonfitüre

**1.** 180 Gramm Schokolade in einem Wasserbad schmelzen, danach leicht abkühlen lassen. Die restliche Schokolade raspeln. Das Mehl mit dem Stärkemehl und dem Backpulver mischen.
**2.** Die Butter mit dem Fruchtzucker und den Eigelben schaumig rühren und nach und nach die geschmolzene Schokolade dazugießen. Zuletzt die Mehlmischung darübersieben und unterrühren.
**3.** Die Eiweiße zu steifem Schnee schlagen und vorsichtig unter die Masse heben.
**4.** Eine Springform mit Backpapier auskleiden. Den Teig in die Form füllen, diese in den Ofen stellen und den Teig etwa 40 Minuten backen. Den Kuchen anschließend stürzen und abkühlen lassen.
**5.** Den Boden einmal quer durchschneiden. Den unteren Boden mit der Aprikosenkonfitüre bestreichen, den oberen Boden wieder daraufsetzen und leicht andrükken. Den Kuchen mit der geraspelten Schokolade bestreuen und in 32 gleich große Stücke schneiden.

1 Stück enthält
ca. 125 kcal • 7 g F •
2 g E • 13 g KH • 1 BE

# Rhabarbertorte

Zubereitungszeit (ohne Zeit zum Abkühlen): ca. 1 Std.
Vorheizen des Backofens auf 200° C
Backzeit: ca. 15 Min.
Kühlzeit: mind. 3 Std.

Für 14 Stücke

| |
|---|
| 150 g Mehl |
| 50 g Diätmargarine |
| 30 g Ei (½ Stück) |
| 5 ml Rum |
| Salz |
| flüssiger Süßstoff |
| 3 Blatt weiße Gelatine |
| 30 g Vanillepuddingpulver |
| 400 ml fettarme Milch |
| 40 g Eiweiß (1 Stück) |
| 400 g Rhabarber |
| 100 g Sahne 28% F. |

**1.** Das Mehl auf eine Arbeitsfläche sieben und in die Mitte eine Mulde drücken. Die Margarine in Stücken, das halbe Ei, den Rum, eine Prise Salz und wenig Süßstoff hineingeben und alle Zutaten von innen nach außen zu einem glatten Mürbeteig kneten.
**2.** Den Boden einer Springform mit Backpapier auslegen. Den Teig gleichmäßig auf den Boden drücken, mit einer Gabel mehrmals einstechen und die Form in den Ofen stellen. Den Teig etwa 15 Minuten backen und in der Form abkühlen lassen.
**3.** Die Gelatine etwa 5 Minuten in kaltem Wasser einweichen. Das Puddingpulver mit einem Teil der Milch glattrühren. Die restliche Milch in einem Topf zum Kochen bringen und das angerührte Puddingpulver hineinrühren.
**4.** Den Pudding unter Rühren aufkochen lassen, bis er bindet. Den Topf vom Herd nehmen, die Gelatine ausdrücken und in dem noch warmen Pudding unter Rühren auflösen. Das Ganze etwas abkühlen lassen.
**5.** Das Eiweiß zu steifem Schnee schlagen und unter den leicht abgekühlten Pudding ziehen. Den Pudding mit Süßstoff abschmecken und kalt stellen.
**6.** Den Rhabarber in etwa 2 Zentimeter große Stücke schneiden. Den Rhabarber mit etwa 45 Millilitern Wasser in einen Topf geben und einige Minuten dünsten. Das Kompott mit wenig Süßstoff abschmecken und in einem Sieb abtropfen lassen.
**7.** Das Kompott auf den gebackenen Teigboden streichen und abkühlen lassen.
**8.** Die Sahne steif schlagen, unter den abgekühlten Pudding ziehen, evtl. mit wenig Süßstoff nachsüßen und über das Kompott streichen.
**9.** Die Rhabarbertorte mindestens 3 Stunden in den Kühlschrank stellen. Die Torte in 14 gleich große Stücke schneiden.

1 Stück enthält ca. 120 kcal • 6 g F • 4 g E • 12 g KH • 1 BE

## Quarktorte

Zubereitungszeit: 45 Min.
Vorheizen des Backofens
auf 200° C
Backzeit: ca. 15 Min.
Kühlzeit: mind. 2 Std.

Für 10 Stücke

| |
|---|
| 130 g Mehl |
| 1 Msp. Backpulver |
| 50 g Diätmargarine |
| 30 g Ei (½ Stück) |
| 5 ml Rum |
| Salz |
| flüssiger Süßstoff |
| 5 Blatt weiße Gelatine |
| 500 g Magerquark |
| 20 g Eigelb (1 Stück) |
| ½ Vanilleschote |
| Zitronensaft |
| 40 g Eiweiß (1 Stück) |
| 200 g Orangen |
| 25 g abgezogene, grob gehackte Mandeln |

**1.** Das Mehl mit dem Backpulver mischen und auf eine Arbeitsfläche sieben. In die Mitte eine Mulde drücken und die Margarine in Stücken, das halbe Ei, den Rum, eine Prise Salz und wenig Süßstoff hineingeben. Alle Zutaten von innen nach außen zu einem glatten Mürbeteig kneten.
**2.** Den Boden einer Springform mit Backpapier auslegen, den Teig gleichmäßig auf den Boden drücken und mehrmals mit einer Gabel einstechen. Die Form in den Ofen stellen und den Teig etwa 15 Minuten backen. Den Boden in der Form abkühlen lassen.
**3.** In der Zwischenzeit die Gelatine etwa 10 Minuten in kaltem Wasser einweichen. Den Quark mit dem Eigelb, dem Mark der Vanilleschote, dem Zitronensaft und wenig Süßstoff verrühren.
**4.** Die Gelatine ausdrükken, auflösen und unter die Quarkmasse rühren. Das Eiweiß zu steifem Schnee schlagen und zuletzt unter die Quarkcreme ziehen.
**5.** Die Orange in kleine Stücke schneiden.
**6.** Den Rand der abgekühlten Springform mit Backpapier auslegen. Die Hälfte der Quarkmasse auf den Mürbeteigboden streichen, die Orangenstücke gleichmäßig darauf verteilen und nun die restliche Quarkcreme noch darüber streichen.
**7.** Die Mandeln in einer Pfanne ohne Fettzugabe goldbraun rösten, abkühlen lassen und darüberstreuen. Die Torte mindestens 2 Stunden in den Kühlschrank stellen und in 10 gleich große Stücke schneiden.

1 Stück enthält
ca. 165 kcal • 6 g F •
10 g E • 14 g KH • 1 BE

**Kuchen und Gebäck**

## Käsekuchen

Zubereitungszeit
(ohne Zeit zum
Abkühlen): ca. 20 Min.
Kühlzeit für den
Teig: ca. 30 Min.
Vorheizen des Backofens
auf 170°C
Backzeit: ca. 1 Std.

Für 12 Stücke

**Teig:**
200 g Mehl
100 g Diätmargarine
20 g Fruchtzucker
20 g Eigelb (1 Stück)
Salz

**Belag:**
750 g Magerquark
40 ml Sonnenblumenöl
60 g Eigelb (3 Stück)
80 g Fruchtzucker
40 g Stärkemehl
1 Vanilleschote
½ TL flüssiger Süßstoff
120 g Eiweiß (3 Stück)

**1.** Das Mehl auf eine Arbeitsfläche sieben und in die Mitte eine Mulde drücken. Die Margarine in Stücken, den Fruchtzucker, das Eigelb, etwa 1 Eßlöffel Wasser und 1 Prise Salz hineingeben und alle Zutaten von innen nach außen zu einem glatten Mürbeteig kneten. Den Teig mit Folie abdecken und etwa 30 Minuten in den Kühlschrank stellen.
**2.** In der Zwischenzeit den Belag zubereiten. Den Quark mit dem Öl, den Eigelben, dem Fruchtzucker, dem Stärkemehl, dem Mark der Vanilleschote und nach Belieben mit flüssigem Süßstoff glatt rühren. Die Eiweiße zu steifem Schnee schlagen und unter die Quarkmasse heben.
**3.** Den gekühlten Teig ausrollen und eine Springform damit auslegen. Einen etwa 3 Zentimeter breiten Rand hochdrücken.
**4.** Die Quarkmasse gleichmäßig auf den Teigboden streichen, die Form in den Ofen stellen und den Kuchen etwa 60 Minuten backen. Den Käsekuchen abkühlen lassen und in 12 gleich große Stücke schneiden.

1 Stück enthält
ca. 280 kcal • 13 g F •
12 g E • 26 g KH • 2 BE

## Klosterkuchen

Zubereitungszeit:
ca. 35 Min.
Kühlzeit: ca. 30 Min.
Vorheizen des Backofens
auf 150°C
Backzeit: ca. 40 Min.

Für 16 Stücke

100 g Mandeln,
nicht abgezogen
300 g Mehl
½ Päckchen Backpulver
20 g Kakaopulver
100 g Diätmargarine
70 ml fettarme Milch
60 g Fruchtzucker
5 g Zimt (1 TL)
200 g roter Johannisbeergelee mit Fruchtzucker

**1.** Die ungeschälten Mandeln fein mahlen. Das Mehl mit dem Backpulver und dem Kakaopulver mischen und auf eine Arbeitsfläche sieben.
**2.** In die Mitte der Mehlmischung eine Mulde drücken und die Margarine in Stücken, die Mandeln, 4 Eßlöffel Milch, den Fruchtzucker und den Zimt hineingeben. Alle Zutaten von innen nach außen zu einem glatten Mürbeteig kneten. Den Teig mit Folie abdecken und mindestens 30 Minuten in den Kühlschrank stellen.
**3.** Eine Springform mit drei Vierteln des Teiges auslegen und einen schmalen Rand hochdrücken.
**4.** Den Teigboden gleichmäßig mit dem Gelee bestreichen. Den restlichen Teig dünn ausrollen und in fingerbreite Streifen schneiden.
**5.** Die Streifen als Gitter über das Gelee legen. Das Gitter mit der restlichen Milch bestreichen, die Form in den Ofen stellen und den Kuchen etwa 40 Minuten backen. Anschließend abkühlen lassen und in 16 gleich große Stücke schneiden.

1 Stück enthält
ca. 200 kcal • 9 g F •
4 g E • 25 g KH • 2 BE

## Ungebackene Himbeertorte

Zubereitungszeit: ca. 45 Min.
Kühlzeit: mind. 4 Std.

**Für 16 Stücke**

| |
|---|
| 180 g Zwieback |
| 650 g ungezuckerte, tiefgekühlte Himbeeren |
| 90 g Butter |
| 10 g Fruchtzucker |
| 10 ml Himbeergeist |
| 4 Blatt rote Gelatine |
| flüssiger Süßstoff |
| 80 g Eiweiß (2 Stück) |
| 250 g Sahne 28% F. |
| 1 Limette |

**1.** Den Zwieback in einen Plastikbeutel (Gefrierbeutel) geben und mit einer Kuchenrolle zu feinen Bröseln zerstoßen. Die Himbeeren auftauen lassen. Eine Springform (24 cm Ø) mit Pergamentpapier auslegen.
**2.** Aus den Zwiebackbröseln, der Butter, dem Fruchtzucker und dem Himbeergeist einen Teig kneten und diesen gleichmäßig auf den Boden der Springform drücken. Den Teig anschließend kaltstellen.
**3.** In der Zwischenzeit die Gelatine etwa 10 Minuten in kaltem Wasser einweichen. 16 schöne Himbeeren zur Dekoration beiseite stellen. Etwa die Hälfte der restlichen Himbeeren durch ein Sieb streichen und mit dem Süßstoff abschmecken.
**4.** Die Gelatine ausdrücken, auflösen und unter das Himbeerpüree rühren. Das Püree kalt stellen.
**5.** Wenn das Himbeerpüree zu gelieren beginnt, die Eiweiße zu steifem Schnee, die Sahne ebenfalls steif schlagen und beides unter das Püree ziehen. Die Creme mit wenig Süßstoff nachschmecken.
**6.** Die restlichen Himbeeren auf dem Boden verteilen und die Himbeer-Sahne-Creme darüberstreichen. Die Torte mindestens 4 Stunden in den Kühlschrank stellen.
**7.** Den Rand der Torte vor dem Servieren gleichmäßig mit den 16 Himbeeren belegen. Die Limette dünn abschälen und die Schale in sehr feine Streifen schneiden. Die Limettenschalenstreifen über die Torte streuen. Die Torte in 16 gleich große Stücke schneiden.

1 Stück enthält ca. 155 kcal • 10 g F • 3 g E • 12 g KH • 1 BE

**Tip**
Sie können den Teig auch in 16 kleine Förmchen drücken und Himbeeren und Creme daraufgeben (siehe Titelbild).

## Grundrezept für Quarkblätterteig

Zubereitungszeit:
ca. 35 Min.
Kühlzeit: ca. 75 Min.

130 g Margarine (harte Sorte oder Ziehmargarine)
140 g Magerquark
Salz
130 g Mehl

**1.** Die Margarine gut kühlen. Den Quark in ein feines Sieb geben und gut abtropfen lassen.
**2.** Die Margarine in grobe Würfel schneiden und mit dem Quark, 1 Prise Salz und dem gesiebten Mehl so zu einem Teig kneten, daß die Margarine noch in kleinen Stückchen erkennbar ist. Den Teig abgedeckt in den Kühlschrank stellen.
**3.** Den kalten Teig rechteckig ausrollen und von den Seiten her zusammenschlagen. Den Teig wieder zu einem Rechteck ausrollen. Diesen Vorgang des Zusammenlegens und Ausrollens insgesamt dreimal wiederholen. Nach dem zweiten Zusammenlegen sollte der Teig nochmals für etwa 45 Minuten in den Kühlschrank gelegt werden, damit er beim weiteren Ausrollen nicht zerreißt.

Das ganze Rezept enthält ca. 1535 kcal • 106 g F • 33 g E • 101 g KH • 8 BE

50 g Teig (= ⅛ Rezept) enthalten ca. 190 kcal • 13 g F • 4 g E • 13 g KH • 1 BE

## Käsegebäck

Gesamte Zubereitungszeit:
ca. 2 Std.
Vorheizen des Backofens auf 220° C
Backzeit: ca. 10 Min.

Für 1 Portion

50 g Quarkblätterteig (siehe Rezept links)
20 g Ei (½ Stück)
10 g geriebener Parmesan
Paprikapulver

**1.** Den Blätterteig nach Rezeptanweisung zubereiten, auf einer leicht bemehlten Arbeitsfläche etwa 2 Millimeter dick ausrollen und dünn mit dem Ei bestreichen.
**2.** Den Parmesan mit Paprikapulver mischen, auf den Teig streuen und diesen gleichmäßig aufrollen.
**3.** Die Teigrolle mit einem scharfen Messer in dünne Scheiben schneiden, diese auf ein mit Wasser bespritztes Blech legen und etwa 10 Minuten backen.

ca. 205 kcal • 14 g F • 5 g E • 13 g KH • 1 BE

## Schweinsöhrchen

Gesamte Zubereitungszeit: ca. 2 Std.
Vorheizen des Backofens auf 220°C
Backzeit: ca. 10 Min.

Für 1 Portion

50 g Quarkblätterteig (siehe Rezept links)
20 g Ei (½ Stück)
flüssiger Süßstoff

1. Den Blätterteig nach Rezeptanweisung zubereiten und auf einer leicht bemehlten Arbeitsfläche etwa 2 Millimeter dick zu einem Rechteck ausrollen.
2. Den Teig dünn mit dem Ei bestreichen und von zwei gegenüberliegenden Seiten her jeweils zur Mitte hin einrollen.
3. Von der Teigrolle mit einem scharfen Messer etwa ½ Zentimeter breite Streifen abschneiden, diese auf ein mit Wasser bespritztes Blech legen und etwa 10 Minuten goldgelb backen.
4. Die fertigen Schweinsöhrchen sofort mit wenig mit etwas Wasser verdünntem Süßstoff bestreichen.

ca. 190 kcal • 13 g F • 4 g E • 13 g KH • 1 BE

## Äpfel im Schlafrock

Gesamte Zubereitungszeit: ca. 2 ¼ Std.
Vorheizen des Backofens auf 220°C
Backzeit: ca. 25 Min.

Für 1 und 3 Portionen

25 g  75 g  Quarkblätterteig (siehe Rezept links)
50 g  150 g  Apfel mit Schale
Zimt
5 g  15 g  Ei
flüssiger Süßstoff

1. Den Blätterteig nach Rezeptanweisung zubereiten, in 1 bzw. 3 Stücke teilen und diese jeweils auf einer leicht bemehlten Arbeitsfläche zu kleinen Vierecken ausrollen.
2. Den Apfel schälen, mit Zimt einreiben und jeweils auf ein Teigviereck setzen. Die Teigecken über den Äpfeln zusammenschlagen.
3. Das Ei mit wenig Süßstoff verquirlen und den Teig damit bestreichen. Die Äpfel auf ein mit Wasser bespritztes Blech setzen und etwa 25 Minuten backen.

1 Portion enthält
ca. 130 kcal • 7 g F • 3 g E • 12 g KH • 1 BE

**Kuchen und Gebäck**

## Berliner Ballen

Zubereitungszeit:
ca. 20 Min.
Zeit zum Gehen: ca. 1 Std.
Vorheizen des Fritierfetts
auf 175°C
Backzeit: 10 – 15 Min.

Für 28 Stück

| |
|---|
| 250 ml lauwarme, fettarme Milch |
| 120 g Diätmargarine |
| 450 g Mehl |
| 1 Päckchen Trockenhefe |
| Salz |
| 60 g Ei (1 Stück) |
| flüssiger Süßstoff |
| 1 Fläschchen Butter-Vanille-Aroma |
| Ausbackfett |

**1.** Die Milch mit der Margarine erwärmen (lauwarm). Das Mehl mit der Trockenhefe und 1 Prise Salz mischen und in eine Schüssel sieben.
**2.** Die Milch-Margarine-Mischung, das Ei, wenig Süßstoff und das Butter-Vanille-Aroma hinzufügen und alles zu einem glatten Teig kneten. Den Teig zugedeckt an einem warmen Ort etwa 30 Minuten gehen lassen.
**3.** Den Teig nochmals kräftig durchschlagen, aus dem Teig 28 Kugeln (à 30 g) formen und diese auf einem Brett zugedeckt nochmals etwa 30 Minuten gehen lassen.
**4.** Das Ausbackfett erhitzen und die Ballen darin von beiden Seiten goldgelb backen. Die fertigen Ballen auf Küchenkrepp abtropfen lassen.

1 Ballen einschließlich
Ausbackfett enthält
ca. 185 kcal • 14 g F •
2 g E • 12 g KH • 1 BE

## Gefüllte Hefeschnecken

Zubereitungszeit:
ca. 20 Min.
Zeit zum Gehen: ca. 1 Std.
Vorheizen des Backofens
auf 200°C
Backzeit: ca. 25 Min.

Für 17 Stück

| |
|---|
| 280 ml lauwarme, fettarme Milch |
| 125 g Butter |
| 500 g Mehl |
| 1 Päckchen Trockenhefe |
| Salz |
| 1 Fläschchen Vanillearoma |
| flüssiger Süßstoff |
| 50 g Rosinen |
| 70 g Mandelblättchen |

**1.** Von der Milch etwa 2 Eßlöffel abnehmen und beiseite stellen. Die Butter in einem Topf schmelzen und abkühlen lassen.
**2.** Das Mehl mit der Trockenhefe und einer Prise Salz mischen und zusammen mit der Butter, der Milch, dem Vanillearoma und wenig Süßstoff zu einem glatten Teig kneten. Den Teig zugedeckt an einem warmen Ort etwa 30 Minuten gehen lassen.
**3.** Den Teig nochmals kräftig durchschlagen und auf einer leicht bemehlten Arbeitsfläche zu einem Rechteck von 40 x 30 Zentimetern ausrollen. Die Rosinen und die Mandelblättchen gleichmäßig daraufstreuen.
**4.** Ein Backblech mit Backpapier auslegen. Den Teig von der Längsseite her aufrollen und die Rolle in 17 dünne Scheiben (à ca. 55 g) schneiden. Die Schnecken auf das Backblech legen und nochmals etwa 30 Minuten gehen lassen.
**5.** Die restliche Milch mit wenig Süßstoff süßen, die Schnecken damit bestreichen und etwa 25 Minuten backen.

1 Stück enthält
ca. 200 kcal • 9 g F •
4 g E • 25 g KH • 2 BE

## Korinthenbrötchen

Zubereitungszeit:
ca. 20 Min.
Zeit zum Gehen:
ca. 45 Min.
Vorheizen des Backofens
auf 170°C
Backzeit: ca. 25 Min.

Für 17 Stück

| |
|---|
| 250 ml lauwarme, fettarme Milch |
| 100 g Diätmargarine |
| 80 g Mandeln |
| 250 g Mehl Type 405 |
| 250 g Weizenvollkornmehl Type 1050 |
| 1 Päckchen Trockenhefe |
| Salz |
| 120 g Eier (2 Stück) |
| 5 ml flüssiger Süßstoff |
| 1 Fläschchen Zitronenaroma |
| 60 g Korinthen |

**1.** Von der Milch eine ¼ Tasse abnehmen und beiseite stellen. Die restliche Milch mit der Margarine erwärmen (lauwarm). Die Mandeln mit der Schale fein mahlen.
**2.** Die Mehlsorten mit den Mandeln, der Trockenhefe und einer Prise Salz in einer Schüssel mischen und mit der Milch-Margarine-Mischung, den Eiern, etwa 100 Millilitern lauwarmem Wasser, wenig Süßstoff und dem Zitronenaroma zu einem glatten Teig kneten. Zuletzt die Korinthen unterkneten.
**3.** Den Teig zugedeckt an einem warmen Ort etwa 30 Minuten gehen lassen. Den Teig nochmals kräftig durchkneten.
**4.** Ein Backblech mit Backpapier auslegen. Aus dem Teig mit 2 Eßlöffeln 17 Teighäufchen (à ca. 70 g) auf das Backblech setzen. Den Teig nochmals etwa 15 Minuten gehen lassen.
**5.** Die Brötchen mit der restlichen Milch bestreichen, das Blech in den Ofen schieben und die Brötchen etwa 25 Minuten goldgelb backen.

1 Stück enthält
ca. 200 kcal • 8 g F •
6 g E • 24 g KH • 2 BE

## Apfeltaschen

Zubereitungszeit:
ca. 20 Min.
Zeit zum Gehen:
ca. 40 Min.
Vorheizen des Backofens
auf 200° C
Backzeit: ca. 20 Min.

Für 14 Stück

350 g Mehl
25 g frische Hefe
½ TL Fruchtzucker
125 ml lauwarme, fettarme Milch
50 g Diätmargarine
60 g Ei (1 Stück)
flüssiger Süßstoff
¼ Vanilleschote
Salz
500 g Äpfel mit Schale

**1.** Das Mehl in eine Schüssel sieben und in die Mitte eine Mulde drücken. Die Hefe und den Fruchtzucker in etwa der Hälfte der lauwarmen Milch auflösen. Den Hefeansatz in die Mehlmulde geben und an einem warmen Ort etwa 10 Minuten gehen lassen.

**2.** Die restliche Milch mit der Margarine erwärmen (lauwarm). Das Ei, etwa 50 Milliliter Wasser, wenig Süßstoff, das Mark der Vanilleschote, die Milch-Margarine-Mischung und eine Prise Salz hinzufügen und alles zu einem glatten Teig kneten. Diesen abgedeckt etwa 30 Minuten an einem warmen Ort gehen lassen.

**3.** Den Teig nochmals gut durchkneten, in 14 gleich große Portionen teilen und diese zu handflächengroßen flachen Stücken formen.

**4.** Die Äpfel schälen, in dünne Scheiben schneiden und diese gleichmäßig auf den 14 Teigstücken verteilen.

**5.** Die Teigstücke zu Taschen zusammenklappen, die Ränder festdrücken und die Apfeltaschen etwa 20 Minuten backen.

1 Stück enthält
ca. 145 kcal • 4 g F •
4 g E • 23 g KH • 2 BE

## Windbeutel mit Vanillecreme

Zubereitungszeit:
ca. 40 Min.
Vorheizen des Backofens
auf 200°C
Backzeit: ca. 25 Min.

Für 4 Stück

| |
|---|
| 20 g Diätmargarine |
| Salz |
| 50 g Mehl |
| 70 g Ei (= 1 großes Ei) |
| 1 Msp. Backpulver |
| 8 g Vanillepuddingpulver |
| 125 ml fettarme Milch |
| 1/4 Vanilleschote |
| flüssiger Süßstoff |
| 20 g Eiweiß (= 1/2 Eiweiß) |

**1.** Etwa 80 Milliliter Wasser mit der Margarine und 1 Prise Salz in einen Topf geben und aufkochen lassen. Das Mehl auf einmal hineingeben und den Teig auf der Kochstelle so lange rühren, bis sich ein Kloß gebildet hat, der sich vom Topfboden löst.
**2.** Den Brandteig abkühlen lassen und mit dem Ei und dem Backpulver verrühren.
**3.** Ein Backblech mit Backpapier auslegen. Den Teig in einen Spritzbeutel geben und in 4 gleich großen Tupfen auf das Blech spritzen. Das Blech in den Ofen schieben und die Windbeutel etwa 25 Minuten backen. Währenddessen die Ofentür geschlossen halten.
**4.** Die Windbeutel abkühlen lassen und waagerecht aufschneiden.
**5.** Das Puddingpulver mit einem Teil der Milch glattrühren. Die restliche Milch mit dem Mark der Vanilleschote in einen Topf geben, aufkochen lassen und das angerührte Puddingpulver dazugeben. Den Pudding unter Rühren nochmals kurz aufkochen lassen, mit Süßstoff abschmecken.
**6.** Das Eiweiß zu steifem Schnee schlagen, unter die noch heiße Vanillecreme ziehen und diese abkühlen lassen. Die Windbeutel mit jeweils der gleichen Menge Vanillecreme füllen.

1 Stück enthält
ca. 135 kcal • 7 g F •
5 g E • 13 g KH • 1 BE

## Gefüllte Windbeutel mit Erdbeersoße

Zubereitungszeit:
ca. 50 Min.
Vorheizen des Backofens
auf 200°C
Backzeit: ca. 20 Min.

Für 12 Stück

| 20 g Diätmargarine |
| Salz |
| geriebene Schale und Saft von ½ unbehandelten Zitrone |
| 1 Vanilleschote |
| 50 g Mehl |
| 80 g Ei (2 kleine Stück) |
| 1 Msp. Backpulver |
| 240 g Magerquark |
| flüssiger Süßstoff |
| 450 g Erdbeeren |
| 30 ml Kirschwasser |

**1.** Etwa 80 Milliliter Wasser mit der Margarine, 1 Prise Salz, der Zitronenschale und dem Mark der Vanilleschote in einen Topf geben und aufkochen lassen.
**2.** Das Mehl auf einmal dazugeben und den Teig auf der Kochstelle so lange rühren, bis sich ein Kloß gebildet hat, der sich vom Topfboden löst.
**3.** Den Brandteig abkühlen lassen und die Eier und das Backpulver hineinrühren.
**4.** Ein Backblech mit Backpapier auslegen. Den Teig in einen Spritzbeutel füllen und in 12 gleich großen Tupfen auf das Blech spritzen.
**5.** Das Blech in den Ofen schieben und die Windbeutel etwa 20 Minuten backen. Anschließend abkühlen lassen und waagerecht einen Deckel abschneiden.
**6.** Den Quark mit dem Zitronensaft verrühren und mit wenig Süßstoff abschmecken. Die Windbeutel gleichmäßig mit der Quarkcreme füllen und die Deckel wieder daraufsetzen.
**7.** Die Erdbeeren pürieren. Das Erdbeerpüree mit dem Kirschwasser und wenig Süßstoff abschmecken und gleichmäßig über die Windbeutel gießen.

2 Stück mit Soße enthalten ca. 145 kcal • 5 g F • 9 g E • 13 g KH • 1 BE

## Zimtbrezeln

Zubereitungszeit:
ca. 20 Min.
Kühlzeit: ca. 30 Min.
Vorheizen des Backofens
auf 200°C
Backzeit: ca. 15 Min.

**Für 18 Stück**

| |
|---|
| 50 g Diätmargarine |
| 30 g Ei (½ Stück) |
| 20 g saure Sahne |
| 10 ml Rum |
| 140 g Mehl |
| ½ TL Backpulver |
| 5 g Zimt (1 TL) |
| flüssiger Süßstoff |

**1.** Die Margarine mit zwei Dritteln des Eies cremig schlagen und die Sahne und den Rum darunterrühren.
**2.** Das Mehl, das Backpulver und den Zimt mischen, darübersieben und unterrühren. Den Teig mit wenig Süßstoff abschmecken.
**3.** Den Teig in 9 Portionen teilen und diese abgedeckt etwa 30 Minuten kühl stellen.
**4.** Aus jeder Portion eine dünne Rolle herstellen und daraus jeweils 2 Brezeln formen.
**5.** Ein Backblech mit Backpapier auslegen, die Zimtbrezeln darauflegen, dünn mit dem restlichen, verquirlten Ei bestreichen und etwa 15 Minuten backen.

Ca. 20 g Zimtbrezel enthalten ca. 10 kcal • 5 g F • 2 g E • 12 g KH • 1 BE

## Vanillemonde

Zubereitungszeit:
ca. 20 Min.
Kühlzeit: ca. 1 Std.
Vorheizen des Backofens
auf 200°C
Backzeit: ca. 15 Min.

| |
|---|
| 50 g Diätmargarine |
| 30 g saure Sahne |
| 40 g Mehl |
| 50 g Stärkemehl |
| 30 g Vanillepuddingpulver |
| 1 Msp. Backpulver |
| ⅓ Vanilleschote |
| flüssiger Süßstoff |
| 10 g Ei |

**1.** Die Margarine mit der Sahne glatt rühren. Das Mehl, das Stärkemehl, das Pudding- und das Backpulver mischen und daraufsieben.
**2.** Das Mark der Vanilleschote dazugeben und alle Zutaten zu einem glatten Teig kneten. Den Teig mit wenig Süßstoff abschmecken und etwa 1 Stunde in den Kühlschrank stellen.
**3.** Ein Backblech mit Backpapier auslegen. Den Teig auf einer leicht bemehlten Arbeitsfläche ausrollen und Halbmonde ausstechen.
**4.** Die Plätzchen auf das Backblech legen, mit dem Ei bestreichen, das Blech in den Ofen schieben und die Plätzchen etwa 15 Minuten backen.

Ca. 20 g Vanillemonde enthalten ca. 105 kcal • 6 g F • 1 g E • 12 g KH • 1 BE

## Spritzgebäck

Zubereitungszeit:
ca. 20 Min.
Vorheizen des Backofens
auf 200° C
Backzeit: 15 – 20 Min.

| |
|---|
| 60 g Diätmargarine |
| 70 g Fruchtzucker |
| 60 g Ei (1 Stück) |
| 120 g Mehl |
| 1 Msp. Backpulver |
| ¼ Vanilleschote |
| geriebene Schale von |
| ½ unbehandelten Zitrone |
| flüssiger Süßstoff |
| 10 g Kakaopulver |

**1.** Die Margarine mit dem Fruchtzucker und dem Ei schaumig rühren.
**2.** Das Mehl mit dem Backpulver mischen, darübersieben und unter die Masse rühren. Den Teig mit dem Mark der Vanilleschote, der Zitronenschale und wenig Süßstoff abschmecken.
**3.** Den Teig halbieren und einen Teil mit dem Kakaopulver verrühren. Ein Backblech mit Backpapier auslegen.
**4.** Beide Teigteile abwechselnd eßlöffelweise zusammen in einen Spritzbeutel füllen und in S-Form oder in Ringen auf das Blech spritzen. Die Plätzchen 15 bis 20 Minuten backen.

Ca. 15 g Spritzgebäck enthalten ca. 98 kcal • 4 g F • 2 g E • 12 g KH • 1 BE

## Pfeffernüsse

Zubereitungszeit
(ohne Kühlzeit):
ca. 20 Min.
Vorheizen des Backofens
auf 200° C
Backzeit: ca. 15 Min.

| |
|---|
| 80 g Ei (2 kleine Stück) |
| flüssiger Süßstoff |
| 30 g Diätmargarine |
| 240 g Mehl |
| 2 Msp. Hirschhornsalz |
| 1 EL Rosenwasser |
| 60 g abgezogene, |
| gemahlene Mandeln |
| 1 TL Lebkuchengewürz |
| 15 g Eiweiß |

**1.** Die Eier mit wenig Süßstoff verquirlen und mit der Margarine schaumigrühren. Das Mehl darübersieben und darunterrühren.
**2.** Das Hirschhornsalz in dem Rosenwasser auflösen und zusammen mit den Mandeln und dem Lebkuchengewürz unter den Teig kneten. Den Teig mit wenig Süßstoff abschmecken.
**3.** Aus dem Teig etwa 3 Zentimeter dicke Rollen formen und im Kühlschrank hart werden lassen.
**4.** Ein Backblech mit Backpapier auslegen. Von den Teigrollen etwa 1 Zentimeter dicke Scheiben abschneiden, auf das Blech legen, dieses in den Ofen schieben und die Pfeffernüsse etwa 15 Minuten backen.
**5.** Das Eiweiß mit wenig Süßstoff verquirlen und kurz vor Ende der Backzeit auf die Pfeffernüsse streichen.

Ca. 25 g Pfeffernüsse enthalten ca. 99 kcal • 4 g F • 3 g E • 11 g KH • 1 BE

## Mailänder Teegebäck

Zubereitungszeit:
ca. 20 Min.
Kühlzeit: ca. 30 Min.
Vorheizen des Backofens
auf 200°C
Backzeit: ca. 15 Min.

| |
|---|
| 80 g Mehl |
| 40 g Stärkemehl |
| 1 Msp. Backpulver |
| 40 g Ei (1 kleines Stück) |
| 45 g Diätmargarine |
| flüssiger Süßstoff |
| 15 g abgezogene, grob gehackte Mandeln |

**1.** Das Mehl mit dem Stärkemehl und dem Backpulver mischen, in eine Schüssel sieben und zusammen mit 3 Eßlöffeln Ei und der Margarine zu einem glatten Teig verarbeiten.
**2.** Den Teig mit wenig Süßstoff abschmecken und etwa 30 Minuten in den Kühlschrank stellen.
**3.** Den Teig auf einer leicht bemehlten Arbeitsfläche etwa 1 Zentimeter dick ausrollen und Kreise von etwa 4 Zentimetern Durchmesser ausstechen.
**4.** Ein Backblech mit Backpapier auslegen, die Plätzchen darauflegen und dünn mit dem restlichen Ei bestreichen. Die Mandeln darüberstreuen und vorsichtig andrücken. Das Blech in den Ofen schieben und das Teegebäck etwa 15 Minuten backen.

Ca. 20 g Teegebäck enthalten ca. 114 kcal • 6 g F • 2 g E • 12 g KH • 1 BE

## Linzer Gebäck

Zubereitungszeit:
ca. 30 Min.
Kühlzeit: ca. 1 Std.
Vorheizen des Backofens
auf 200° C
Backzeit: ca. 10 Min.

---
40 g Diätmargarine
30 g Ei (1/2 Stück)
geriebene Haselnüsse
50 g Mehl
50 g Stärkemehl
1/2 TL Backpulver
1 Msp. Zimt
1/4 Vanilleschote
flüssiger Süßstoff
40 ml ungesüßter Kirschsaft (Muttersaft)
1 1/2 Meßlöffel pflanzliches Bindemittel

---

**1.** Die Margarine mit dem Ei und den Haselnüssen verrühren.
**2.** Das Mehl mit dem Stärkemehl, dem Backpulver und dem Zimt mischen und darübersieben. Das Mark der Vanilleschote und wenig Süßstoff dazugeben und alles zu einem glatten Teig kneten. Den Teig etwa 1 Stunde in den Kühlschrank stellen.
**3.** Den gekühlten Teig auf einer leicht bemehlten Arbeitsfläche ausrollen und zu gleichen Teilen Kreise und Ringe von etwa 3 Zentimetern Durchmesser ausstechen.
**4.** Ein Backblech mit Backpapier auslegen, die Plätzchen darauflegen, das Blech in den Ofen schieben und das Gebäck etwa 10 Minuten backen. Die Plätzchen anschließend vom Blech nehmen und auskühlen lassen.
**5.** Den Kirschmuttersaft mit dem Bindemittel verrühren, nach Packungsanweisung binden und mit wenig Süßstoff abschmecken.
**6.** Mit Hilfe einer Papiertüte etwas angedickten Saft auf die Gebäckkreise spritzen, die Ringe daraufsetzen und das Loch in der Mitte mit dem angedickten Saft ausfüllen.

Ca. 25 g Linzer Gebäck enthalten ca. 109 kcal • 6 g F • 1 g E • 12 g KH • 1 BE

## Berliner Brot

Zubereitungszeit:
ca. 20 Min.
Kühlzeit: ca. 1 Std.
Vorheizen des Backofens
auf 200° C
Backzeit: ca. 15 Min.

---

50 g Diätmargarine
30 g Ei (½ Stück)
20 ml fettarme Milch
25 g grob gehackte Haselnüsse
25 g abgezogene, grob gehackte Mandeln
140 g Mehl
3 g Kakaopulver
½ TL Backpulver
1 Msp. Kardamom
1 Msp. geriebene Muskatnuß
1 Msp. Zimt
flüssiger Süßstoff
5 g Eiweiß

---

**1.** Die Margarine mit dem Ei und der Milch verrühren und die Nüsse und die Mandeln dazugeben.
**2.** Das Mehl mit dem Kakaopulver, dem Backpulver, dem Kardamom, der Muskatnuß und dem Zimt mischen und auf die Masse sieben. Alles zu einem glatten Teig verrühren, mit wenig Süßstoff abschmecken und etwa 1 Stunde kühl stellen.
**3.** Ein Backblech mit Backpapier auslegen. Den Teig etwa 1 Zentimeter dick darauf ausrollen und mit dem Eiweiß bestreichen.
**4.** Das Berliner Brot etwa 15 Minuten backen. Das noch warme Gebäck in etwa 4 x 2 Zentimeter große Rechtecke schneiden.

Ca. 25 g Berliner Brot enthalten ca. 140 kcal • 8 g F • 3 g E • 12 g KH • 1 BE

## Waffeln

Zubereitungszeit:
ca. 30 Min.

---

125 g Mehl
125 g Stärkemehl
1 Msp. Backpulver
125 g Butter
40 g Fruchtzucker
120 g Eier (2 Stück)
250 ml fettarme Milch
10 ml Rum
½ TL flüssiger Süßstoff

---

**1.** Das Mehl mit dem Stärkemehl und dem Backpulver mischen und in eine Schüssel sieben.
**2.** Die Butter zusammen mit dem Fruchtzucker schaumig rühren und nach und nach die Eier dazugeben. Abwechselnd die Mehlmischung, die Milch, den Rum und etwa 50 Milliliter Wasser hinzufügen und alles zu einem dickcremigen Teig verrühren. Nach Belieben mit wenig Süßstoff süßen.
**3.** Ein beschichtetes Waffeleisen vorheizen, jeweils etwa ein Zehntel des Teiges hineingeben und nacheinander goldbraune Waffeln backen.

1 Waffel (55 g) enthält ca. 235 kcal • 12 g F • 5 g E • 23 g KH • 2 BE

# Rezeptverzeichnis

**A**pfel-Holunderbeer-
  Konfitüre 139
Äpfel im Schlafrock 165
Apfelkuchen 152
Apfel mit Fleisch-
  füllung 83
Apfel-Quark-Auflauf 121
Apfelrotkohl 36
Apfel-Streusel-
  Kuchen 144
Apfelsuppe mit Schnee-
  klößchen 33
Apfeltaschen 168
Apfel-Tomaten-
  Gelee 141
Aprikosenschnee 129
Artischockenböden
  „Costa Brava" 77
Aubergine, gefüllte 82
Auberginenauflauf 103
**B**erliner Ballen 167
Berliner Brot 175
Berner Rösti 58
Birne „Helene" 129
Birnengelee
  „Baroneß" 125
Birnen-Ingwer-
  Konfitüre 138
Biskuitteig 150
Blattspinat 43
Blumenkohl
  „Mornay" 39
Blumenkohlsalat,
  bunter 48
Bœuf Stroganoff 72
Bohnen, grüne, mit
  Hammelfleisch 28
Bohnen, grüne, mit
  Rindfleisch 28
Bohnen, grüne, mit
  Speck 41
Bohnen, ungarische 75
Bohnensalat, bunter 47
Bohnensuppe,
  serbische 27
Bohnen-Tomaten-
  Salat 48
Bouillon „Gärtnerin" 18
Bouillonkartoffeln 57
Brioche 148
Brokkoli polnische
  Art 39
Buttermilchgelee 124
**C**hampignoncreme-
  suppe 20
Champignon-
  nudeln 100
Champignons 40
Champignonsoße 90
Chicorée Mailänder
  Art 111
Chicoréesalat mit
  Orangen 46
Chicoréetoast 111
Coq au Vin 86
Cordon bleu 66
Curryrahmsoße 90
**D**illsoße 97
**E**ier, pochierte, dänische
  Art 110
Eiersalat 119
Eierschnecke 146
Eintopf, Freiburger 30
Eisbergsalat in Käse-
  dressing 46
Erbsen französische
  Art 41
Erdbeercreme 126
Erdbeeren,
  überbackene 130
Erdbeergelee mit
  Mangostückchen 141
Erdbeerkaltschale 33
Erdbeer-Rhabarber-
  Konfitüre 138
**F**eldsalat 45
Fenchel,
  überbackener 42
Filet „Wellington" 72
Fischfilet in Curry-
  mayonnaise 110
Fischfilet ungarische
  Art 94
Fischfrikadellen in
  Tomatensoße 96
Fischragout, buntes 92
Fleischsalat,
  badischer 114
Fleischsalat,
  mexikanischer 114
Forellen in Rotwein 95
Frenchdressing 52
Fruchtsülze 132
**G**eflügelbrust
  „Surprise" 88
Geflügeleintopf,
  Berliner 31
Geflügelleber 89
Geflügelsalat
  „Oriental" 116
Geflügelsülze 109
Gemüsesülze, bunte 108
Gemüsetaschen 105
Geschnetzeltes
  „Chop Suey" 80
Gewürzkuchen 153
Grießflammeri mit
  Früchten 124
Grießnocken 63
Grundrezept für
  Biskuitteig 150
Grundrezept für
  Hefeteig 144
Grundrezept für Quark-
  blätterteig 164
Grünkernbratlinge 36
Grünkohl 38
Grütze, rote 124
Gugelhupf 147
Gulasch, ungarischer 74
**H**ähnchenschenkel in
  Gemüsesoße 86
Hefeschnecken,
  gefüllte 167
Hefeteig 144
Herzoginkartoffeln 58
Himbeerkonfitüre 136
Himbeertorte,
  ungebackene 163
Hirschragout 85
Hirseplätzchen 36
Hühnerfrikassee
  Toulouser Art 87
**I**rish Stew 28
**J**amaikacreme 132
Johannisbeer-
  konfitüre 136
**K**abeljaufilet auf
  Gemüse 93
Kalbfleisch
  „Marengo" 69
Kalbfleischroulade
  italienische Art 70
Kalbsbraten mit
  Parmesan 71
Kalbscurry 68
Kalbsfrikassee mit
  Champignons 68
Kalbsnuß baskische
  Art 71
Kalbsschnitzel
  Jäger Art 67
Kalbsschnitzel
  „Königin" 67
Kalbsschnitzel
  „Saltimbocca" 66
Kartoffelklöße 58
Kartoffelplätzchen 58
Kartoffelsalat 116
Käsegebäck 164
Käsekuchen 162
Käsesalat 118
Kirschgelee 132
Kirschtorte Schwarz-
  wälder Art 152
Kiwi-Stachelbeer-
  Konfitüre 137
Klosterkuchen 162
Königsberger Klopse 75
Kopfsalat in Joghurt-
  dressing 44
Kopfsalat mit Gurken in
  Kräuterdressing 44
Korinthenbrötchen 167
Krabbencocktail 116
Kraut, bayerisches 38
Kräuterreis 61
Kümmelkartoffeln 56
**L**eberspieße Balkan
  Art 84
Linsensalat 48
Linsensuppe 24
Linzer Gebäck 174
**L**yoner Kartoffeln 57
**M**andelstuten 148
Marmorkuchen 154
Marmorspeise 131
Meerrettichsahne 91
Melbasoße 135
Milchreis 120
Möhrentorte 151
Münsterländer Quark 119
**N**udelauflauf mit
  Tomatensoße 102
Nudeln, grüne, mit
  Chicorée 101
Nußkuchen 157
**O**bstsalat 129
Ochsenschwanzsuppe,
  gebundene 22
Ochsenschwanzsuppe,
  klare 23
Orangenkuchen 154
Orangenmarmelade 139
**P**fannkuchen,
  gefüllte 134
Pfeffernüsse 172
Pfirsichhalb-
  gefrorenes 129
Pflaumenkuchen 144
Pflaumenmus Groß-
  mutters Art 140
Pichelsteiner Eintopf 25
Pizza 105
Porree mit Schinken 40
Puštasalat 50
Putenschnitzel in
  Würzsoße 89
**Q**uarkauflauf mit
  Kirschen 120
Quarkblätterteig 164
Quarkremoulade 91
Quarktorte 161
**R**agout fin 107
Ratatouille 43
Rehbraten 85
Reisgericht,
  chinesisches 76
Reissalat 114
Rhabarbertorte 160
Rinderroulade 78
Rinderschmorbraten
  „Robert" 78
Rindfleisch mit Meer-
  rettichsoße 79
Risi-Pisi 63
Risotto 63
Rotweingelee 132
**S**alat „Astor" 45
Salat, westfälischer 118
Sandkuchen 154
Sauerbraten rheinische
  Art 79
Sauerkirsch-Aprikosen-
  Konfitüre 137
Sauerkraut 36
Sauerkrautsalat 50
Savarin 148
Schellfischfilet
  Kieler Art 96
Schinkenhörnchen mit
  Spinat 107
Schinkentoast 112
Schmorapfel mit Wein-
  schaumsoße 131
Schnitzel, gefülltes 81
Schokoladencreme 127
Schokoladenkuchen 157
Schweinefilet in
  Aspik 106
Schweinefilet in
  Curryrahm 80
Schweineleber Berliner
  Art 84
Schweinsöhrchen 165
Seefisch,
  überbackener 92
Selleriesalat,
  englischer 51
Semmelknödel 63
Senfmarinade 52
Senfsoße 97
Soße „Mimosa" 53
Soße rheinische Art 53
Spaghetti mit
  Basilikum 60
Spaghetti mit Oliven und
  Kapern 61
Spargelcremesuppe 21
Spargeltoast 112
Speise, westfälische 125
Spritzgebäck 172
Steak „Esterhazy" 72
Suppe, andalusische 32
Szegediner Gulasch 26
**T**eegebäck,
  Mailänder 173
Teufelssalat 114
Toast, italienischer 112
Tomatencremesuppe 20
Tomatengulasch 74
Tomatenkaltschale 32
Tomatenkartoffeln 56
Tomatennudeln 60
Torte Sacher Art 159
**V**anillecreme 132
Vanillemonde 171
Vanillesoße 135
**W**affeln 175
Waldorfsalat 51
Weizen-Gemüse-
  Topf 42
Welfencreme 126
Windbeutel, gefüllte,
  mit Erdbeersoße 170
Windbeutel mit Vanille-
  creme 169
Wirsingeintopf 24
Wirsingrouladen 81
Würstchen im Teig 102
**Z**imtbrezeln 171
Zitronenkuchen 158
Zwetschengelee mit
  Basilikum 140
Zwiebelkuchen 105
Zwiebelsuppe,
  französische 19

---

In gleicher Ausstattung sind erschienen:
Vollwertküche für Genießer (4412)
Cholesterinarm kochen und genießen (4442)
Speziell zu dem Thema „Diabetikerdiät" sind im
FALKEN Verlag zahlreiche Ratgeber erschienen.
Fragen Sie Ihren Buchhändler.

ISBN 3 8068 4467 4

© 1990/1994 by Falken-Verlag GmbH,
65527 Niedernhausen/Ts.
Die Verwertung der Texte und Bilder, auch
auszugsweise, ist ohne Zustimmung des Verlags
urheberrechtswidrig und strafbar. Dies gilt auch
für Vervielfältigungen, Übersetzungen, Mikro-
verfilmung und für die Verarbeitung mit
elektronischen Systemen.
Titelbild: C. P. Fischer, München
Fotos: Archiv (Seite 2–15), alle restlichen Fotos
C. P. Fischer, München
Requisiten: Firma Mercantile, München
Zeichnung: Ulrike Hoffmann, Bodenheim (Zeichnung Seite 7)
Satz: Grunewald Satz & Repro GmbH, Kassel
Druck: Karl Neef GmbH & Co., Wittingen

817 2635 44